KNAUR
BALANCE

Ulrich Hoffmann

Konzentrieren ist ja ganz leicht

Mini-Meditationen für Kinder

KNAUR BALANCE

Haftungsausschluss

Alle Vorschläge und Informationen in diesem Buch wurden sorgfältig geprüft, dennoch kann keine Haftung für Schäden, gleich welcher Art, übernommen werden.

FSC
www.fsc.org
MIX
Papier aus verantwortungsvollen Quellen
FSC® C014496

Originalausgabe 2017

Ein Imprint der Verlagsgruppe Droemer Knaur GmbH & Co. KG, München

Covergestaltung: ZERO Werbeagentur, München
Coverabbildung: FinePic®, München / shutterstock;
Foto von Ralph Caspers: Stephan Jockel
Abbildungen Innenteil: Shutterstock / StockSmartStart;
S. 79: Shutterstock / ImHope
Satz: Nadine Clemens, München
Druck und Bindung: GGP Media GmbH, Pößneck
ISBN 978-3-426-67534-2

5 4 3 2 1

Inhalt

Vorwort

Wie oft haben Sie schon neben Ihrem Kind gesessen und gedacht (oder gesagt): »Nun konzentrier dich doch mal!«

Vielleicht haben Sie einen kleinen Zappelphilipp oder eine Träumerin. Möglicherweise sind die gestellten Aufgaben zu leicht oder zu schwer, zu langweilig oder zu komplex.

Es gibt viele Gründe für Konzentrationsschwierigkeiten. Das wissen auch Erwachsene. Wir kennen das aus unserem Arbeitsalltag.

Spätestens mit dem Beginn der Grundschulzeit sind alle Kinder aufgefordert, sich zu vorgegebenen Zeiten zu konzentrieren, und auf vorgegebene Aufgaben. Der eigene Rhythmus und die eigenen Interessen treten in den Hintergrund oder gehen ganz verloren.

Manche Kinder schalten im Unterricht ganz einfach auf Durchzug. Andere sitzen Stunden an ihren Hausaufgaben, ohne das kleinste Stückchen voranzukommen. Es gibt zahllose Ratgeber und Sammlungen mit Lernstrategien und Konzentrationstricks. Die meisten von ihnen flicken an den Symptomen herum, aber ignorieren die Ursache: die individuelle »Verdrahtung« unseres Gehirns! Klar, zehn Euro für eine Zwei in Mathe motivieren zum Fleiß, zumindest kurzfristig. Doch auf Dauer werden dann immer größere Belohnungen notwendig, bis das System ganz in sich zusammenbricht. Im Job nennt man es Burn-out, wenn weder die Hoffnung auf eine Gehaltserhöhung noch die Angst vor dem Verlust des Arbeitsplatzes noch als Motivation funktionieren. Diese Erkrankung wird auch bei Schülern immer öfter diagnostiziert.

Natürlich ist die Motivation zur Konzentration ein wichtiger Faktor. Aber damit sie etwas nutzt, muss Konzentration überhaupt möglich sein. Und die fällt vielen Kindern (und Eltern) schwer.

Inzwischen weiß man jedoch, Konzentration lässt sich stärken. In jedem Alter können wir gezielt Einfluss auf unsere Schaltpläne im Gehirn nehmen. Meditation ist in dieser Hinsicht Fitnesstraining fürs Gehirn. Beim Meditieren üben wir ganz zwanglos und ohne jede ernsthafte Konsequenz, uns auf etwas zu konzentrieren, z. B. auf den Atem oder eine andere Sinneswahrnehmung. Bei Menschen, die regelmäßig meditieren, lässt sich schon nach wenigen Wochen eine Zunahme und Verdichtung der Hirnmasse nachweisen.

Wer auf dem Fußballplatz schneller sein will, muss Sprints üben. Schwimmer trainieren mit Gewichten die Muskulatur in Schultern, Armen, Beinen. Damit die Kraft da ist, wenn man sie abrufen will. Auch

Reaktionsschnelligkeit wird in den meisten Sportarten geübt. Genauso funktioniert Meditation, nur für Hirn und Seele.

Viel Spaß & gutes Gelingen!

Ihr

Ulrich Hoffmann

Konzentrationsprobleme

Was könnte das Kind haben? Dass das Kind was hat, ist eigentlich klar. Vielleicht eine Glutenunverträglichkeit, AD(H)S oder eine Hochbegabung. Unerfreulich ist eine Hausstauballergie, erschwerender eine wirklich gefährliche oder schlecht bis gar nicht behandelbare Krankheit.

Aber ein Kind, das nix hat? Gibt's nicht.

Warum ist das so? Ich glaube, weil wir Gründe suchen. Es gibt ein Gefühl der Sicherheit, wenn man weiß, warum etwas so ist, wie es ist. Und »ist halt eben so« ist kein sonderlich guter Grund.

Diese Suche nach dem Defekt erleben Reiseveranstalter und Eheberater ebenso wie Abteilungsleiter und Lehrer. Irgendwo muss doch ein Haar in der Suppe sein!

Und tatsächlich: Das Kind, das alles kann und nie aneckt, muss erst noch geboren werden.

Richtig ist sicher: Kindern gelingt nicht alles. Genau wie uns Erwachsenen. Und die Aufgabe der Eltern ist es, dabei zu helfen, mit diesen Enttäuschungen umzugehen. Meiner Ansicht nach besteht die Elternpflicht allerdings auch darin, die Erfolge zu genießen und zu feiern! Und aus beidem, Sieg wie Niederlage, zu lernen.

Warum scheint mir das wichtig? Weil wir heute unsere Kinder (und uns) oft an fremden, standardisierten Maßstäben messen. Und: Häufig erkennen wir zudem noch den impliziten Anspruch an, *alles* auf dem gleichen hohen Niveau zu erledigen.

Ich kenne viele Eltern, die in der Schule quasi einen Testlauf der Arbeitswelt sehen. Deswegen wären ihnen auch knappe, eindeutige Zahlen-Zeugnisse lieber als die schwer zu deutenden Verbalbewertungen.

In gewisser Weise ist es ja auch richtig: Der Staat finanziert den Schulbesuch, damit die Kinder später mit ihren Steuern der nächsten Generation wieder den Schulbesuch zahlen. Inzwischen ist aber klar, dass der stramme Durchmarsch ans Ziel nur selten gelingt.

Kinder brauchen Freiraum, um zu lernen. Genauso wie manche Kollegen eben »an der langen Leine« besser arbeiten, andere »an der kurzen Leine«. Und: Keiner ist in allem gut.

Das heißt konkret: Wenn Ihr Kind insgesamt ganz gut mitkommt und auch durchschnittlich gern zur Schule geht – prima. Freuen Sie sich.

Sie können trotzdem mit Ihrem Kind meditieren lernen. Es wird weder Ihnen noch Ihrer Tochter oder Ihrem Sohn schaden. Aber Sie tun der ganzen Familie einen Gefallen, wenn Sie nicht jede »1-« oder »Lisa könnte aufmerksamer teilnehmen« zur katastrophalen Konzentrationsstörung stilisieren.

Die Erfahrung zeigt: Jeder von uns hat früher oder später mal Probleme, sich zu konzentrieren. Der eine öfter, die andere seltener, und der Leidensdruck ist je nach Situation unterschiedlich hoch. Doch insgesamt profitieren die meisten davon, mithilfe einfacher Meditationsübungen ruhiger und aufmerksamer durch die Welt zu gehen. Denn das ist es, was wir auf unterschiedlichste Weise beim Meditieren üben: unsere Konzentration bewusst auf etwas zu richten und immer wieder dorthin zurückzukehren. Selbst wenn wir gerade gar keine Lust dazu haben.

Natürlich gibt es auch Kinder, die ganz klar und fast ganztägig Schwierigkeiten haben, bei der Sache zu bleiben. Hier gilt es, genau hinzuschauen. Die Übungen in diesem Buch helfen zwar in allen Fällen, weil sie den »Konzentrationsmuskel« Großhirn trainieren. Aber je nach Ursache und Symptomen sollten Sie weitere unterstützende Maßnahmen ausprobieren und bei Erfolg regelmäßig einsetzen.

Notwendig ist auch, als Elternteil ehrlich zu überlegen: Warum sorgt mich die aus meiner Sicht mangelhafte Konzentrationsfähigkeit meines Kindes so? Entsteht dadurch für Sie Druck: Ich müsste mich noch um die Hausaufgaben kümmern – schaffe das aber nicht? Oder entspricht Ihr Kind nicht Ihren (unausgesprochenen) Erwartungen? Waren Sie vielleicht ein kleiner Überflieger? Oder umgekehrt, wurden Sie den Ansprüchen Ihrer eigenen Eltern nur selten gerecht?

Alle diese Faktoren beeinflussen unsere Sicht der Dinge. Aber unsere Kinder sind nicht zu unserem Vergnügen hier. Sondern wir sind da, um ihnen zu helfen, sich individuell zu entfalten. Dafür ist relevant zu ermitteln, ob das Kind Unterstützung benötigt – oder wir.

Schnellstart

Wenn Sie möchten oder unter großem Schlafentzug leiden, können Sie gleich weiterspringen zu den Mini-Meditationen selbst.

Ich empfehle allerdings, die folgenden Seiten vorher oder zumindest begleitend zu lesen, weil sie wichtige Erkenntnisse der aktuellen Schlafforschung zusammenfassen. So werden manche Konzentrationsprobleme für Sie leichter erkennbar. Die Meditationen helfen, zur Ruhe zu kommen und die Aufmerksamkeit besser aufrechtzuerhalten. Sie können Ihr Kind dabei unterstützen, wenn Sie wissen, worauf Sie achten sollten.

Zudem gibt es einige grundlegende Konzentrationsregeln, die Sie kennen sollten. Sicher trifft nicht jede dieser Ablenkungen auf Ihr Kind zu. Aber es lohnt sich, auszuprobieren, welche Hilfen der Konzentration und Arbeitsdisziplin dienlich sind.

Alle Menschen haben dann und wann Konzentrationsprobleme. Dazu können u. a. die folgenden Faktoren beitragen:

1. Ablenkungen und Unterbrechungen: Im Büroalltag sind das Telefon, E-Mails und Kollegen. Am heimischen Schreibtisch stellen Handy(nachrichten) und Internet die beiden größten Störenfriede dar. Aber auch Eltern und Geschwister, ein unordentlicher Arbeitsplatz oder laute Umgebungsgeräusche können die Konzentration immer wieder in sich zusammenfallen lassen.
2. Keine Motivation zur Konzentration: Manche Menschen hoffen, wenn sie ihre Gedanken nur lange genug schweifen lassen, kommt ihnen die rettende Idee, der geniale Einfall. Sie sind es nicht gewöhnt, sich zu konzentrieren, empfinden es als anstrengende Einschränkung – und sehen vor allem keinen Vorteil darin, es auch nur zu versuchen.
3. Geringe Frustrationstoleranz und Aufschieben: Die erste Aufgabe gelingt nicht gleich, die Vokabel will einfach nicht in den Kopf rein, da schmeißt das Kind schon den Füller hin, oder der Erwachsene geht sich erst mal ein Bierchen holen. Es ist schwer, das eigene (vorläufige) Scheitern zu ertragen! Wie viel angenehmer ist es dagegen, eine TV-Serie zu schauen, im Internet zu surfen oder

einfach nur zum Fenster rauszugucken. Zwar ist klar, dass man so nicht ans Ziel kommt. Aber die Hürde scheint so hoch, das Ziel unerreichbar. Und zugleich denkt man: Nachher – oder morgen – hau ich richtig rein und mache wieder Boden gut!

4. **Kein Interesse an Thema oder Methode:** Manche Menschen können gut auswendig lernen. Andere eher Zusammenhänge verstehen. Wenn dann auch noch das Thema bzw. Fach einen nicht recht anspricht, wird es schwer. Aber fast jeder hat schon die Erfahrung gemacht: Wenn ein Lehrer, Kollege oder Freund begeistert von etwas ist, färbt diese Begeisterung ab! Selbst wenn einem das Thema egal ist, bleibt doch ein bisschen was hängen, wenn man mit oder von jemandem lernt, der das Feld liebt.
5. **Zu viel auf einmal:** Heute ist es schon zu spät, um noch mit dem Vokabellernen anzufangen – oder man fühlt sich einfach nicht nach Hausaufgaben und verschiebt sie auf morgen. Auf diese Weise entsteht schnell ein übergroßer, scheinbar unbezwingbarer Berg. Nur weil man auf den »richtigen Moment« gewartet hat, um die Aufgabe möglichst stressfrei und gut zu erledigen. Dagegen hilft die einfache Erkenntnis: Besser mittelgut gelernt als gar nicht. Besser halbfalsche Hausaufgaben als keine. Denn: Wenn man wirk-

lich am nächsten Tag noch die geniale Idee hat, kann man sie immer noch dazuschreiben!

6. **Vorgehensweise unklar:** Wer nicht weiß, was genau zu tun ist, kann es auch nicht tun. Dann denken wir halb darüber nach, was wir möglicherweise machen sollen, halb schon darüber nach, wie wir es vielleicht machen, und ganz schnell an etwas anderes. Wenn wir nicht wissen, *worauf* und *mit welchem Ziel* wir uns konzentrieren sollen, kann das nicht gelingen.
7. **Überlastung, Unorganisiertheit:** Wer zu viele Aufgaben jongliert, bringt das Hirn durcheinander. Dann schaltet es ab bzw. in den Leerlauf, weil keine (sinnvolle) Entscheidung möglich ist, was zuerst zu tun wäre. Gründe können sein: Verschieberitis und Unorganisiertheit, übermäßiger Ehrgeiz, aber auch tatsächliche Überlastung (z.B. wenn drei Hauptfach-Klassenarbeiten in ein bis zwei Wochen anliegen). Je mehr liegen bleibt, desto schwieriger wird es, zu entscheiden, welche Aufgaben erledigt und welche gestrichen werden sollten.
8. **Übermüdung, Ernährung, Angst/Dauerstress, Erkrankungen:** Wer zu wenig schläft, kann sich nicht konzentrieren. Auch Nahrungsmittelunverträglichkeiten (von einer Nuss- oder Glutenallergie bis zu

nervösen Reaktionen auf Süß- oder Farbstoffe) können die Aufmerksamkeit behindern. Das Gleiche gilt für anhaltende Angst und Dauerstress, z.B. durch schulische Überforderung oder eine Krise zwischen den Eltern. Von Stress und Angst werden wir sozusagen »zeitweilig dumm«, das Gehirn schaltet von »Lernen« auf »Überleben«. Auch Fieber oder eine Krankheit können uns unaufmerksam werden lassen. Das gilt auch für chronische Krankheiten, die von den Betroffenen und ihren Familien oft in dieser Hinsicht gar nicht berücksichtigt werden.

9. Keinen-Bock-Haltung: Wer eine Aufgabe nicht erledigen will, wird das auch nicht tun. Jedenfalls nicht gut. Vor der erfolgreichen Konzentration, z.B. auf Schularbeiten, steht also die Motivation – entweder auf einen schulischen Erfolg oder auf einen Lernerfolg bzw. wenigstens eine gewisse Freude am Tun. Die Begeisterung muss nicht besonders groß sein, wichtiger ist, die Ablehnung bzw. das Desinteresse zu verkleinern.

Solche und ähnliche Konzentrationsschwierigkeiten kennt jeder. Es gibt aber auch erschwerende Umstände: Aufmerksamkeitsdefizit-Syndrome mit und ohne Hyperaktivität – ADHS und ADS –, Hochsensibilität, Hochbegabung, Überforderung, Leseschwäche, Lese-Rechtschreib-Schwäche, Rechenschwäche, Asperger-Syndrom, bis hin zum Autismus, und Lebensmittelunverträglichkeiten sind die von allen häufigsten. Es ist wichtig, vom Kinderarzt klären zu lassen, ob eine solche Störung vorliegt. Und welche genau. Denn die Maßnahmen, die dem Kind helfen, sind sehr unterschiedlich!

Aufmerksamkeitsdefizit-Störung mit und ohne Hyperaktivität (ADHS bzw. ADS)

Vermutlich die bekanntesten Konzentrationsstörungen. Die hyperaktiven (übermäßig aktiven) Kinder sind sogenannte »Zappelphilippe«. Es fällt ihnen schwer, auch nur fünf Minuten still zu sitzen. Ganz zu schweigen von den 45 Minuten einer Schulstunde. Die Alternative sind die sogenannten »Träumer«, die vollkommen gedankenverloren zum Fenster hinausschauen. Es gibt auch eine Mischform.

Betroffen sind Jungen und Mädchen gleichermaßen. Jungen sind häufiger hyperaktiv, Mädchen tendenziell eher unaufmerksam-verträumt. Die Träumer stören weder Alltag noch Unterricht, deswegen fällt ihr Problem meist seltener und später auf.

Besonders den hyperaktiven Kindern wird oft das Nervenstimulans *Methylphenidat* verschrieben (z. B. als *Ritalin*), um sie überhaupt erst einmal so weit zu beruhigen, dass sie andere Hilfsmaßnahmen (wie Meditation oder Lernstrategien) beginnen können.

Nach wie vor besteht der Verdacht, dass manche dieser Kinder besonders sensibel auf Süßstoffe, künstliche Farbstoffe und die Inhaltsstoffe von Fast Food / Fertiggerichten reagieren (siehe weiter unten: Lebensmittelunverträglichkeiten).

Die wichtigsten AD(H)S-Symptome sind:

- Unaufmerksamkeit,
- Konzentrationsschwierigkeiten,
- mangelnde Impulskontrolle (also z.B. häufige Wutanfälle, wenn ein Wunsch nicht erfüllt wird),
- große innere Unruhe,
- Schwierigkeiten bei der Körperkoordination,
- mangelhafte Feinmotorik (zeigt sich z.B. beim Basteln und beim Schreiben),
- Vergesslichkeit,
- geringes Selbstwertgefühl,
- starke bis extreme Stimmungsschwankungen.

Etliche dieser Zeichen finden sich auch bei hochsensiblen oder hochbegabten Kindern. Der entscheidende Unterschied: Hochsensible und Hochbegabte können sich (auf ein selbst gewähltes Thema oder Objekt) sehr gut konzentrieren und tun dies auch von sich aus. AD(H)S-Kinder schaffen das auch dann nicht, wenn sie wirklich wollen.

Hochsensibilität

Etwa zehn Prozent der Bevölkerung sind hochsensibel. Das bedeutet, dass diese Menschen die Sinnesreize der Außenwelt nicht so gut »filtern« können wie Normalsensible. Oft reagieren sie auf einen oder mehrere Wahrnehmungsfaktoren besonders empfindlich, z. B. auf Geräusche, auf Zugluft oder die Umgebungstemperatur, auf Berührungen (auch durch Kleidung), auf Licht, auf Gerüche. Viele von ihnen sind sehr schreckhaft. Andere sind besonders empathisch, d.h., sie können sich sehr gut in andere Menschen einfühlen – aber schwer von deren Gefühlen abgrenzen. Hochsensible haben oft das Gefühl, »nicht okay« zu sein. Denn ihre Wahrnehmung wird von der Umwelt nicht bestätigt (»Ja, mir ist auch kalt«), sondern abgelehnt (»Stell dich nicht so an«). Überschreiten Hochsensible ihre Grenzen, werden sie oft schnell aggressiv. Deshalb werden häufig die Fehldiagnosen »ADHS« oder »Asperger« gestellt.

Unter Idealbedingungen können sich Hochsensible sehr gut konzentrieren und sind ausgesprochen leistungsfähig und auch leistungswillig. Diese Tatsache stellt das wichtigste Unterscheidungsmerkal zu ADHS und Asperger dar.

Hochbegabung

Die meisten Eltern glauben, ihr Kind sei ein kleines Genie. Und manchmal ist das wirklich so. Diese Kinder sind in Kindergarten und Schule unterfordert, langweilen sich, fangen an zu stören (oder tauchen in ihre Fantasiewelt ab). Hochbegabung ist recht selten, nur etwa 300000 Kinder sind deutschlandweit betroffen. Erkennen lässt sich Hochbegabung vor allem im direkten Vergleich mit anderen Kindern oder mit Entwicklungsprognosen. Hochbegabte Kinder lesen recht früh und viel, schlafen wenig, verfügen über eine genaue Beobachtungsgabe. Sie übernehmen in Gruppen schnell die Führungsrolle, werden wegen ihres »Besserwissens« dann aber oft ausgegrenzt.

Hochsensible Kinder suchen regelmäßig Erholungspausen und Ruhephasen – hochbegabte Kinder sind eher nach außen gewandt und suchen Kontakt, Information und Beschäftigung.

Überforderung

Nicht jeder kann der nächste Einstein sein. So wie es einige besonders begabte Menschen gibt, sind andere eher minderbegabt. Auf dem Schulhof heißt das politisch unkorrekt ganz schnell: »Du bist dumm!«

Eltern geraten dann direkt in Panik und versuchen alles, um diese Möglichkeit beiseitezuschieben. Daher ist es wichtig, einmal tief durchzuatmen und sich klarzumachen: (1) Nicht jeder, der gerade nicht mitkommt, hat deswegen gleich ein diagnostizierbares Problem (es sind etwa genauso wenige Kinder minderbegabt wie hochbegabt). (2) Wer wirklich am unteren Ende des intellektuellen Leistungsspektrums ist, muss deswegen weder unglücklich werden noch im Leben scheitern!

Viele Anzeichen stimmen mit denen für ADS (ohne Hyperaktivität) überein: Passivität, niedrige Frustrationstoleranz, Aggressivität sowie Selbstverletzungen. Wichtigstes Unterscheidungsmerkmal ist wieder der Vergleich mit anderen Kindern im selben Alter. Kinder mit einer unterdurchschnittlichen Intelligenz können schon von einfachen Aufgaben oder körperlichen Tätigkeiten heillos überfordert sein. Es fällt ihnen sehr schwer, Sachverhalte verständlich zu erzählen.

Es gilt zu berücksichtigen: Manche Kinder haben keine »Lernbehinderung« oder »Intelligenzminderung«, sondern sind ganz einfach nur nicht so klug wie andere. Daraus folgt dann auch, dass sie nicht so leicht oder nicht so viel oder nicht so gut lernen können. Aus dem direkten Vergleich mit dem Nachbarsjungen oder dem von den eigenen Eltern übernommenen Anspruch an die Erstklässlerfähigkeiten kann so für Eltern und Kind großer Stress entstehen – der einzig darauf zurückgeht, dass dieses Kind eben nicht ganz den elterlichen Erwartungen entspricht. Manche Kinder muss man fordern, sonst bleiben sie hinter ihren Möglichkeiten zurück. Und andere tun, was sie können, und dafür sollten sie gelobt und nicht getadelt werden.

Da wir Eltern immer nur im kleinen Rahmen vergleichen können, befragen Sie daher unbedingt Klassenlehrer und Kinderarzt nach deren Eindruck!

Menschen mit unterdurchschnittlicher Intelligenz sind auf einen besonders schützenden Rahmen und optimale äußere Bedingungen angewiesen. So schwerwiegend die Diagnose ist – zu versuchen, die Lernprobleme zu ignorieren oder durch Strenge und Disziplin zu lösen, macht die Lage nur schlimmer.

Leseschwäche, Lese-Rechtschreib-Schwäche, Rechenschwäche

Meist äußert der Klassenlehrer oder die Fachlehrerin den entsprechenden Verdacht. Diese Schwächen sind weitverbreitet, recht gut erforscht und klar zu diagnostizieren. Die Ursachen sind noch unbekannt.

Im Unterschied zu den übrigen Konzentrations- bzw. Lernproblemen zeigen sich diese nur punktuell. Auf die Dauer strahlt der Frust aus auf andere Fächer/Lebensbereiche. Aber das Zentrum bzw. der Ausgangspunkt ist für einen aufmerksamen Lehrer deutlich sichtbar.

Für Lese-, Lese-Rechtschreib- und Rechenschwäche werden inzwischen zahlreiche sehr gute Therapien angeboten, die sogar z.T. von den Krankenkassen bezahlt werden. Sie ermitteln die Stärken des Kindes und unterstützen dabei, den Stoff auf andere Weise zu erlernen. Das kostet Kraft (und Geld), aber funktioniert.

Wichtig ist zu klären, ob Wahrnehmungsprobleme (Fehlsichtigkeit, Hörschwierigkeiten) hinzukommen. Dann sollten diese zuerst behandelt werden.

Asperger-Syndrom

Gehört zum Spektrum der Autismus-Erkankungen. Erste Anzeichen sind meist erst nach dem dritten Lebensjahr zu bemerken. Viele der betroffenen Kinder sind normal oder sogar überdurchschnittlich intelligent.

Hinweiszeichen:

- Probleme mit zwischenmenschlichen Beziehungen,
- können sich nur schlecht in andere Menschen hineinversetzen,
- großer Wortschatz, aber können sich dennoch nur schwer verständlich machen,
- introvertiert,
- von einem Thema begeistert, fast besessen,
- motorische Probleme,
- bevorzugen regelmäßige, starre Abläufe und Gewohnheiten,
- Stimme eher monoton,
- empfinden die Umgebung als störend.

Asperger-Kinder können (mit viel Unterstützung) auf Regelschulen gute Abschlüsse erreichen. Größte Unterschiede zur Hochsensibilität: soziale Schwierigkeiten und geringe Empathie.

Autismus

Wenn nicht Asperger (s.o.), dann eher sprachliche Defizite, schwache soziale Interaktion und vor allem: Umgebung ist praktisch nicht existent. Dies fällt bereits in den ersten Lebensjahren auf.

Unterschied zur Hochsensibilität: kaum bis kein Interesse an sozialen Kontakten.

Lebensmittelunverträglichkeiten

Man muss nicht gleich allergisch auf ein Lebensmittel reagieren und mit Krämpfen, Quaddeln oder Atemnot ins Krankenhaus eingeliefert werden. Die »Unverträglichkeit« liegt irgendwo zwischen »tut nix« und »Allergie«.

Da wir alle individuell auf Nahrung reagieren, bleibt in dieser Hinsicht nichts als Versuch und Irrtum. Lebensmittel bzw. Inhaltsstoffe, von denen häufig behauptet wird, sie könnten das Wohlbefinden und auch die Konzentrationsfähigkeit einschränken, sind:

- Süßstoffe,
- künstliche Farbstoffe,
- Glutamat (in preiswerten Fertiggerichten und Imbissmahlzeiten),
- Zucker,
- Gluten (vor allem in Backwaren und Nudeln),
- Laktose (Milch und Milchprodukte).
- Auch eine vegetarische oder vegane Mangelernährung kann Konzentrationsschwäche verursachen.

Es lohnt sich, dies zu beobachten oder zu überprüfen. Achten Sie darauf, ob besonders gute oder schwierige Momente wiederholt zeitlich nah an bestimmten Mahlzeiten oder Getränken liegen. Noch besser: Streichen Sie für drei Wochen alle Süßstoffe, künstlichen Farbstoffe und Fertiggerichte vom Einkaufszettel. Das Menü ist dann eine Weile etwas eingeschränkt, aber der Erkenntnisgewinn ist hoch! (Und wenn Sie an dieser Stelle das Gefühl haben: Den Stress tue ich mir nicht an, dann ist Ihr Leidensdruck nicht hoch genug. Das ist okay. Dennoch sollten Sie abwägen: Sind drei Wochen langweiliges Essen wirklich genauso schlimm für die Familie wie unveränderte Symptome?)

Wann und wem nutzen Mini-Meditationen für Kinder?

Meditation tut dem Körper und dem Geist gut. Das ist unstrittig und in zahllosen Studien nachgewiesen. Wichtiger noch: Sie können es einfach selbst ausprobieren und erleben.

Meditation stärkt nicht nur unser Immunsystem, sondern auch die Denk- und die Konzentrationsfähigkeit. Meditation macht uns also kreativer und lernfähiger. Weil wir beim Meditieren üben und lernen, Frust auszuhalten und Aufmerksamkeit immer wieder aufzubauen.

Das heißt konkret: Meditation hilft allen, die ohne klinische Diagnose einfach dann und wann ganz normale Konzentrationsprobleme haben, diese zu erkennen und zu vermeiden.

Mittlerweile haben Studien darüber hinaus gezeigt, dass Meditation insbesondere Kindern mit ADS, ADHS, Lese-, Lese-Rechtschreib- und Rechenschwäche sowie Asperger-Kindern hilft, die zum Lernen nötige Disziplin aufzubringen. Oft können Medikamente nach einiger Zeit abgesetzt oder verringert werden.

Bei Hochsensibilität und Hochbegabung, Überforderung und Autismus ist bislang nicht bekannt, ob und inwieweit Meditation den Betroffenen im Alltag hilft. Die Vermutung liegt nahe, dass Meditation den Hochsensiblen und Hochbegabten dabei helfen kann, ihre spezielle Situation anzuerkennen und anzunehmen. Im Falle von unterdurchschnittlicher Intelligenz oder Autismus könnte Meditation als herausfordernd und somit unangenehm empfunden werden. In diesen Fällen neige ich eher zu Entspannungstechniken wie autogenem Training oder Yoga Nidra.

Grundsätzlich gilt: Meditation »tut« nichts mit einem. Sie kann also auch nicht schaden. Es ist eine Möglichkeit, sich selbst besser kennenzulernen, auch im Wechselspiel mit dem Leben und dem Alltag. Einen Versuch ist es allemal wert.

Hinzu kommt: Kinder lieben Rituale und Gewohnheiten. Sie helfen ihnen bei der Orientierung im Leben. Die regelmäßige Meditation kann solch ein Anker sein. Eine Ruhepause im Alltagstrubel, in der die Kinder Eindrücke verarbeiten und neue Kraft schöpfen können – und Sie auch!

Wie(so) hilft Meditation gegen Konzentrationsprobleme? Und was ist Meditation überhaupt?

Meditation hilft gegen Rückenschmerzen, Bluthochdruck und Unfruchtbarkeit. Echt. Sie macht kreativ und durchsetzungsfähig.

Meditation, möchte man glauben, ist gut für alles, was wir wollen, und gegen alles, was wir nicht wollen. Wie ist das möglich – und kann man Meditation auch gezielt einsetzen?

Positive Effekte der Meditation

Meditation tut gut. Das beweisen zahlreiche Studien. Sie stärkt unser Immunsystem, senkt den Blutdruck, bessert die Laune. Regelmäßige Meditation wirkt sozusagen wie eine Art Reset-Knopf. Man hatte Stress im Job, mit dem Partner, sonstwo über irgendwas. Und nun hat man Pause davon. Man gönnt sich eine Pause vom Alltag. Davon, ständig an zehn Dinge gleichzeitig denken zu müssen und doch irgendwas vergessen zu haben.

Auf diese Weise hilft regelmäßige Meditation dabei, sich gezielt besser konzentrieren zu können.

Studien belegen:

- 50 % weniger Stress-, Angst- und AD(H)S-Symptome.
- 41 % schrieben bessere Mathe- und Englischarbeiten.
- 48 % weniger Depressionssymtome.
- höheres Selbstwertgefühl und weniger Prüfungsangst.
- In einem Test der Uni Kalifornien ließ sich eine Verzehnfachung der Konzentrationsfähigkeit von Schülern messen.

- Bei gut 80 % von Patienten mit Panikattacken nahmen diese »deutlich« ab.
- Hirnmasse in den Bereichen Lernen und Erinnern, Selbstwahrnehmung, Impulskontrolle und Perspektive nimmt zu.
- Die Wahrnehmung körperlicher Schmerzen und Unannehmlichkeiten nimmt ab. So kann man auch länger still sitzen lernen bzw. findet es nicht mehr unerträglich.
- Das Kurzzeitgedächtnis wird gestärkt, was die erste Lernphase erleichtert bzw. verkürzt (Informationen müssen erst einmal im Kurzzeitgedächtnis ankommen, bevor sie vom Hirn weiterverarbeitet werden können).
- Bessere Nutzung der Denkfähigkeit, z.B. können unregelmäßige Buchstabenfolgen mit weniger Hirnanstrengung wiedergegeben werden (d.h. lernen wird leichter).
- In einem Wahrnehmungstest konnten Menschen, die meditierten, die Längenunterschiede zwischen verschiedenen Linien sehr viel genauer wahrnehmen (sich also präzise einer ziemlich langweiligen und sinnlosen Aufgabe widmen).
- An der Visitacion Valley Middle School in San Francisco stieg nach Einführung regelmäßiger Meditationen der Notenschnitt signifi-

kant. Und vor allem halbierten sich die Verwarnungen. Das heißt, die Schüler waren in der Lage, im Unterricht sitzen zu bleiben und Konflikte gewaltfrei zu lösen.

- An der Universität Leiden in Holland konnte gezeigt werden, dass Menschen, die meditiert hatten, Probleme kreativer lösten.
- Eine australische Studie stellte eine Verbesserung der Beziehung zu den Eltern sowie eine geringere innere Unruhe bei meditierenden Kindern fest.
- Auch die sozialen Fähigkeiten werden gestärkt, sodass zwischenmenschliche Probleme leichter lösbar erscheinen und abnehmen.

Was Meditation nicht leisten kann:

- Meditation heilt keine Krankheiten und hilft auch nicht gegen Ansteckung.
- Meditation nutzt nur auf Dauer und durch Regelmäßigkeit. Ein- oder zweimal zu meditieren ist nett, »hilft« aber nicht.
- Meditation ist kein Wundermittel. Sie schult die Aufmerksamkeit und lehrt Geduld. Wir können uns mit ihrer Hilfe besser kennenlernen, Stärken wie Schwächen. Mit ihnen im Alltag umgehen müssen wir dennoch selbst.

Man übt beim Meditieren, sich ganz in Ruhe auf eine Sache zu konzentrieren. Dabei kann man es belassen, oder man kann noch eine »Intention« hinzufügen. So widmen sich einige traditionelle Meditationen z.B. dem Erkenntnisgewinn und untersuchen aufmerksam wichtige Begriffe wie »Liebe« oder »Wahrheit«. In anderen Formen übt man die sogenannte »liebende Güte« sich selbst und allen anderen Lebewesen gegenüber.

Warum sollte man das tun? Warum sollte sich jemand hinsetzen und eine Weile aufmerksam und wertfrei den eigenen Atem beobachten oder im Geiste einer Visualisierung folgen? Anders als essen, trinken oder schlafen befriedigt Meditation nicht unmittelbar unsere Bedürfnisse.

Sie ist eher vergleichbar mit Joggen, Lesen oder Staubsaugen. Im Moment ist das Vergnügen manchmal nur so mittel. Aber die Erfahrung lehrt, dass wir uns insgesamt besser fühlen, wenn wir ab und zu mal sauber machen, zum Sport gehen oder das Hirn anregen.

Wie das »Runner's High« beim Joggen gibt es auch beim Meditieren Momente, in denen es sich super und wundervoll anfühlt. Manche Menschen berichten von »Zeitlosigkeit« oder »weiten, farbigen Landschaften«. Andere erleben ein Gefühl von Zufriedenheit mit sich selbst. Ursprünglich war Meditation auf den Gewinn von Erkenntnis und das

Erreichen der Erleuchtung ausgerichtet. Der von uns heute gewünschte Nutzen stellt in diesen Sinne wohl eher einen zufälligen Nebeneffekt dar. Denn auch wer keinerlei Erkenntnisgewinn zu verbuchen hat und nie eins mit dem Universum wird, stärkt messbar seine Gesundheit durch regelmäßiges Meditieren.

Wie bei allen anderen Tätigkeiten hilft es aber, wenn man sie nicht schrecklich findet. Wer nicht gern joggt, kann einen anderen Sport wählen. Und spätestens Harry Potter hat bewiesen: Kinder lesen sehr wohl gerne – sie müssen nur wollen (statt zu sollen).

Bei der Meditation ist es ebenso. Wer sich dazu zwingen muss, hat es viel schwerer. Deshalb werden in diesem Buch mehrere ganz unterschiedliche Meditationsformen vorgestellt. Keine ist besser oder schlechter als die andere. Wenn eine oder zwei dabei sind, die Ihnen und vor allem Ihrem Kind gefallen – wunderbar. Bleiben Sie dabei.

Auf spielerische, wertfreie Art schult bereits diese Regelmäßigkeit die Konzentration. Das Hirn lernt: Ab und zu setzen wir uns in Ruhe hin und richten die Aufmerksamkeit für kurze Zeit auf eine Sache.

Wenn das nicht klappt, ist das nicht weiter schlimm. Im Rahmen der Meditation macht man einfach weiter, sobald einem auffällt, dass die Aufmerksamkeit abgeschweift ist. Man nimmt es zur Kenntnis und korrigiert die Denkrichtung. Es ist aber nicht »schlimm«, niemand ist sauer, es steht nichts auf dem Spiel.

Man nennt das: wertfrei. Wir nehmen zur Kenntnis, wie es ist. Man könnte durchaus bewerten, wie es ist. Aber jetzt gerade, nur für kurze Zeit, lassen wir das mal.

Simples Beispiel: Es regnet. Das kann man toll finden – und draußen in den Pfützen planschen wollen. Oder man kann es doof finden und sich schon darüber ärgern, gleich auf dem Weg nass zu werden. Oder – und das ist es, was wir bei Meditieren üben – man stellt fest: Es regnet.

So ist das jetzt gerade.

Es regnet.

Und zwar ganz egal, wie ich das finde.

Es regnet, ob ich mich darüber freue oder es ablehne.

So ist es mit ganz vielen Dingen. Sie sind (momentan) so, wie sie (momentan) sind.

Ich kann sie ändern wollen. Ich kann sie großartig finden. Auf jeden Fall ist es gerade so, wie es ist.

Das klingt so banal, aber manchmal sind wir so mit »wie es war« und »wie es werden könnte« beschäftigt, dass wir gar nicht mitbekommen, »wie es ist«.

Dieses Vor- und Zurückspringen durch die Zeit ist eines der am weitesten verbreiteten Konzentrationsprobleme. Bestimmt haben Sie schon mal eine Zeile in einem Buch dreimal lesen müssen, weil Ihre Gedanken immer wieder abschweifen. Oder Sie können sich gar nicht auf Ihre Arbeit konzentrieren, weil Sie sich fragen, warum die Kollegin vorhin so komisch geguckt hat … oder wie Sie mit den Problemen zu Hause umgehen sollten … oder ob Sie nun auf die tollen Schuhe bei eBay bieten sollen oder nicht …

Was man tun soll, ist so langweilig oder schwierig … ein anderer Gedanke so verlockend … und schon hüpft man geistig vom Hölzchen aufs Stöckchen davon. Da braucht man noch nicht mal eine Konzentrationsstörung, das kennt jeder.

Kommen dann noch Sorgen oder fachliche Schwierigkeiten hinzu, wird es bald unmöglich, gedanklich nicht auszuweichen.

Das ist der zweite Teil, den man beim Meditieren übt. Die Gedanken beisammenzuhalten. Auch wenn die gerade keine Lust darauf haben. So wird Konzentration auf die Dauer einfacher, man muss weniger Energie dafür aufwenden – und hält daher länger durch.

Konzentration geschieht in der Mitte zwischen Unterforderung und Überforderung. Langweilt uns die gestellte Aufgabe, schweifen die Gedanken ab. Erwarten wir, sowieso zu scheitern, verabschiedet sich die Aufmerksamkeit ebenfalls. Deshalb sind Selbsterkenntnis und Frustrationstoleranz wichtige Elemente erfolgreicher Konzentration.

1. Selbsterkenntnis: Was kann ich – und unter welchen Bedingungen? Was kann ich nicht so gut, wo brauche ich Hilfe? Wie kann ich eine Aufgabe so zerlegen, dass ich sie bewältigen kann? Das kann für eine einzelne Aufgabe gelten (z.B. kann man eine Matheaufgabe so lange in immer kleinere Schritte unterteilen, bis diese einzeln zu bewältigen sind). Es kann auch für die Gesamtaufgabe gelten, also z.B. die Hausaufgaben des Tages oder das Lernen für eine Arbeit in einer Woche.
2. Frustrationstoleranz: Aushalten, wenn etwas nicht klappt. Nicht gleich weinen oder weglaufen. Motto: »Rom wurde auch nicht in einem Tag erbaut.« Aber je schwieriger eine Situation, desto geringer die Frustrationstoleranz. Sitz man mit Freunden zusammen und kleckert sich auf die Hose, ist das kein großes Problem. Passiert dasselbe im Bewerbungsgespräch, flattern die Nerven. Bei sensiblen Kindern kann schon ein missbilligender Blick von Eltern oder Lehrern für viel Angst sorgen. Beim Meditieren übt man immer wieder, zur gestellten Aufgabe zurückzukehren. Ob

es gelingt oder nicht, nimmt man einfach nur zur Kenntnis und versucht es beim nächsten Mal erneut.

Gab es in Ihrer Kindheit Momente, in denen Sie selbstvergessen vor sich hin gepuzzelt oder gebastelt haben? Vielleicht hatten Sie einen Lieblingssport oder haben gern gemalt? Wenn wir etwas gern tun, nehmen wir die Herausforderungen dieser Tätigkeit gern und gutwillig an. Wir üben und üben, ohne es als Last oder Druck zu empfinden. Und werden mit der Zeit immer besser.

Auf diese Weise verlockt Meditation dazu, ganz nebenbei Standfestigkeit und Konzentrationsfähigkeit zu schulen und zu stabilisieren.

Der wichtigste Schritt dabei ist, die Angst zu verlieren. Beim Meditieren geht es allen gleich. Ihnen, mir, dem Dalai Lama. Wir setzen uns hin, fangen an, und irgendwann merken wir: Unsere Gedanken sind ganz woanders.

Dann führen wir sie freundlich und entschlossen wieder zurück dorthin, wo wir sie haben wollen. Kann sein, dass der Dalai-Lama das pro Meditationsstunde seltener tun muss als Sie oder ich. Wer weiß. Es ist aber auch egal. Entscheidend ist nicht, wie oft die Gedanken sich davonschleichen. Sondern dass wir sie immer wieder einfangen.

Das ist Konzentration. »Bei der Sache bleiben« kann nämlich nur derjenige, der immer wieder »zur Sache zurückkehren« kann. So oft wie nötig.

Der eine braucht länger und muss vielleicht mal Pause machen. Dem anderen fällt es leichter. Mag sein. So ist es nun mal (da ist sie wieder, die wertfreie Anerkennung des Ist-Zustands). Für morgen kann man sich wünschen, dass es anders wird. Aber jetzt gerade müssen wir damit leben, wie es ist. Nicht, wie es sein sollte oder könnte.

Das ist eine durchaus frustrierende, aber auch eine befreiende Erkenntnis. Es ist sowieso so, wie es ist. Sich gegen diese Wahrheit zu stemmen, ändert nichts.

Konzentration auf an sich erst einmal ungeliebte Dinge wie Hausaufgaben oder das Lernen für Klassenarbeiten heißt auch, zu akzeptieren, dass diese Aufgaben gestellt wurden. Das ist so. Das kann man toll finden oder doof, es ist, wie es ist.

Stück für Stück übt man beim Meditieren, sich selbst eine Aufgabe zu stellen und diese (freiwillig) zu Ende zu bringen, auch wenn man gerade mal keine Lust hat. Drei Minuten sind ja nicht so schlimm. Und wer drei Minuten Meditation schafft, schafft auch drei Minuten Mathe. Und dann vielleicht noch drei. Oder nach einer Pause. Auf jeden Fall ein bisschen.

Profis raten bei klassischen Atem-Meditationen, *nicht* zu versuchen, sich dreißig Minuten oder länger auf den Atem zu konzentrieren. Sondern immer nur auf den nächsten Atemzug. Und dann den nächsten. Und den danach. Irgendwann, Atemzug für Atemzug, ist die Zeit um. Geht ja gar nicht anders.

Genauso ist es auch bei Hausaufgaben oder anderen Arbeiten. Sie lassen sich sowieso nur Stück für Stück und Schritt für Schritt erledigen. Das kann die eine schneller, der andere langsamer (das liegt an einer Mischung aus Talent, Leidenschaft und Übung). Aber niemand kann z.B. eine ganze Sachkundearbeit *auf einmal* lösen.

Die Größe der Gesamtaufgabe auszuhalten und sie auf die Dauer ganz automatisch in machbare Einzelteile zu zerlegen lehrt die Meditation. Atemzug für Atemzug, Tag für Tag.

Und je weniger Sie darüber nachdenken, warum Sie meditieren, desto erfolgreicher werden Sie und Ihr Kind dabei sein.

Schluss mit Multitasking

Es gibt Kinder (und Erwachsene), die erleben müssen, dass weniger mehr sein kann. Eins nach dem anderen statt Multitasking. Entscheidungen treffen und einhalten statt kopfloser Sorge. Sie fürchten, nicht ans Ziel zu kommen, wenn sie nicht immer Vollgas geben. Für sie muss sozusagen das Leben langsamer laufen, damit der Stress abnehmen kann.

Und dann gibt es Menschen, die sich nicht bremsen sollten, sondern die eher mehr Energie aufwenden müssen als bisher. Sie empfinden sich bereits als gescheitert, bevor sie angefangen haben. Sie sollten sozusagen Schwung holen, um Tempo aufzunehmen.

Wie kann es sein, dass *eine* Methode in beiden Fällen nutzt?

Es liegt daran, dass Meditation beide Erfahrungen ermöglicht: Wenn wir einige Minuten in Ruhe mit uns allein sind, können wir erfahren – das geht! Ich sitze da, bin nicht nützlich, und die Welt bricht nicht zusammen. Das Gefühl »es geht auch ohne mich« entstresst. Zugleich ist es auch möglich, das oft nur kleine Fünkchen Leidenschaft oder Ehrgeiz wahrzunehmen, das in uns brennt. Manchmal sehr verborgen, aber doch bei fast jedem!

So kann der eine aus dem Moment der Ruhe eine gelassenere Haltung mitnehmen. Die andere kehrt mit mehr Einsatzbereitschaft als zuvor in den Alltag zurück. Ziel der Meditation ist es, diese beiden Pole – »zu viel« und »zu wenig« – auszugleichen und miteinander zu versöhnen. Dafür gibt es in der Welt der Meditation viele Beispiele. Zu viel zu essen tut nicht gut – zu wenig auch nicht. Nur auf die Bewertungen durch andere zu achten macht unsicher – sich selbst als einzigen Maßstab anzusehen ist unklug. Immer nur dem Glück anderer zu dienen laugt aus – doch wer sich stets nur selbst der Nächste ist, wird einsam. Es ist der mittlere Weg, der uns zum Glück führt.

Und genau auf diesem »sweet spot« zwischen den Extremen findet auch Konzentration statt: Man muss Energie mit Interesse kombinieren, darf dabei aber nicht so ehrgeizig werden, dass Überforderung entsteht.

Dazu kommt die beim Meditieren geübte Fähigkeit, einen gewählten Fokus zu halten bzw. ohne großen Frust zu ihm zurückzukehren.

Der Zusammenhang zwischen Meditation und Konzentration

Konzentration ist die Fähigkeit, auch gedanklich dort zu sein, wo man körperlich ist. Jeder kennt die Situation, dass unsere Gedanken um ein unangenehmes Erlebnis vom Vortag kreisen – oder wir den nächsten Tag durchgehen, ein anstehendes Problem … Man kann sich bewusst und absichtlich diesen Themen widmen – dann konzentriert man sich auf sie, widmet ihnen die Aufmerksamkeit. »Unkonzentriert« sind wir, wenn wir an eine Sache denken *wollen* (oder sollen), aber an eine oder mehrere andere Sachen denken. Sich gut konzentrieren zu können bedeutet, im Normalfall mit vertretbarem Aufwand die Aufmerksamkeit auf das Thema richten zu können, auf das man sie richten möchte, und diese Aufmerksamkeit über einige Zeit beizubehalten oder wiederherzustellen.

Genau das ist es, was man beim Meditieren tut. Man richtet die Aufmerksamkeit bewusst und gezielt auf eine Tätigkeit oder ein Erleben hier und jetzt. Und kehrt immer wieder zu diesem Fokus zurück, wenn man ihn aus den Augen verloren hat. Dabei bemüht man sich um einen gewissen Ehrgeiz – und zugleich eine entspannte Distanz. Wäre schön, wenn es klappt. Aber wenn nicht, dann vielleicht beim nächsten Mal.

Es ist wie im Sport, je spielerischer man an die Sache herangeht, desto größer die Erfolgschance.

Um, wenn nötig, den Kurs zu korrigieren, achtet man darauf, wie es läuft. Überprüft also ab und zu: Achte ich noch auf meinen Atem, meine Schritte, oder was immer ich gewählt habe? Man nimmt zur Kenntnis, wie es ist, ärgert sich möglichst wenig oder amüsiert sich vielleicht sogar über sich selbst und macht dann weiter bzw. fängt von vorne an. Mehr ist es nicht, und auch nicht weniger.

Wann, wie und wo soll man die Mini-Meditationen durchführen?

Regelmäßigkeit ist der wichtigste Faktor. Versuchen Sie, mit Ihrem Kind gemeinsam an fünf Tagen in der Woche zu meditieren. Am besten immer zum selben Zeitpunkt.

Öfter kürzer zu meditieren bringt mehr als seltener länger. Entsprechend sind auch die Mini-Meditationen in diesem Buch nur je etwa drei Minuten lang. Da gibt es wirklich keine Ausreden mehr, so viel Zeit hat jeder!

Probieren Sie verschiedene Zeitpunkte durch, um einen zu finden, an dem Sie beide sich auf die Mini-Meditationen für Kinder einlassen können. Erfahrungsgemäß gut geeignet:

- morgens, direkt nach dem Aufstehen,
- nach dem Mittagessen,
- nach einer Mittagspause, direkt vor den Hausaufgaben,
- Hausaufgabenhalbzeit,
- am späten Nachmittag bzw. vor dem Abendessen,
- vor dem Zubettgehen, als Teil des Abendrituals.

Auch hier gilt: Kein Zeitpunkt ist besser oder schlechter. Testen Sie einfach verschiedene Momente, und notieren Sie die Ergebnisse hier bzw. in einem Notizbuch.

Zeitpunkt	Meditation	Das war gut, das war schlecht

Hilfreich ist auch, wenn Sie nicht gerade auf einen wichtigen Anruf, Besuch oder den Paketboten warten. Und anfangs sollte man die Meditationen auch nicht »reinquetschen«. Sie dauern zwar nur ein paar Minuten. Aber »wir müssen gleich los, lass uns noch schnell meditieren« verträgt sich nicht gut.

Wenn man sehr müde ist, fällt es ebenfalls schwer, die nötige Energie und Einstiegskonzentration aufzubringen.

Sie können z.B. an allen 5 Wochentagen immer zu einem bestimmten Zeitpunkt gemeinsam meditieren. Das ist ein schönes, beruhigendes Ritual. Gerade weil »nichts« zu tun ist, kein Ziel erreicht werden kann und soll, tragen gemeinsame Meditationen zur Qualität der Beziehung bei.

Wenn die Kinder älter werden, können sie immer mehr alleine. Das ist auch gut und richtig so. Hilfe brauchen sie in Bereichen, die schwerer fallen. Deshalb wird die gemeinsam verbrachte Zeit mit den Jahren immer problemlastiger. Meditation kann hier ein Gegengewicht darstellen.

Vielleicht haben Sie auch Lust, an den Wochenenden draußen in der Natur zu meditieren, oder zwei Elternteile wechseln sich ab (Wochentage/Wochenende). Alles geht. Je leichter Sie es sich und Ihrem Kind machen, je angenehmer Sie es finden, gemeinsam zu meditieren – desto eher werden Sie dabeibleiben und von den Vorteilen profitieren können.

Wie und wo meditieren?

Die meisten Meditationen werden im Sitzen durchgeführt. Traditionell im Lotos- oder im Schneidersitz, auf einem Sitzkissen. Das geht auch heute noch: ein festes Kissen unter den Po, Beine in den Schneidersitz, Rücken aufrichten, passt.

Es geht auch gut auf einem ganz normalen Stuhl. Fußsohlen flach auf den Boden stellen. Dann stellen Sie sich vor, ein Fädchen wäre ganz oben an der höchsten Stelle des Kopfes befestigt und zieht den Kopf nach oben, den Nacken und den Rücken lang und gerade.

Die Hände liegen in beiden Haltungen entspannt auf den Knien. Handflächen entweder nach oben oder nach unten, wie es angenehmer ist. (Man sagt, Handflächen nach unten stellt mehr Bezug zu einem selbst her, Handflächen nach oben öffnet für äußere Einflüsse.)

Wer nicht sitzen mag, kann auch im Stehen oder im Liegen meditieren. Außerdem stelle ich später noch die traditionelle Geh-Meditation vor. Es ist also für jeden etwas dabei. Die aufrechte Haltung des Körpers soll dabei vor allem die aufrechte und aufmerksame Haltung des Geistes symbolisieren. Und zugleich herbeiführen.

Die Haltung ist also kein Problem. Der richtige Ort schon eher. Um sich wirklich auf das Meditieren einlassen zu können und seine positive Wirkung zu nutzen, sollte man ungestört sein. D.h. für ein paar Minuten: vor allem Handy aus oder stumm. Zu empfehlen ist, sich einen Ort zu suchen, der nicht bereits geistig mit anderen Tätigkeiten verbunden wird. Erfahrungsgemäß gut geeignet:

- auf einem Sofakissen auf dem Wohnzimmerteppich,
- auf einem vom Tisch abgerückten Küchenstuhl,
- auf dem Fußboden im Kinderzimmer,
- auf einem Kissen im Flur (ein Platz, der normalerweise emotional nicht aufgeladen ist).

Nehmen Sie sich bei den ersten Malen ein wenig Zeit, und gehen Sie durch die Wohnung oder Ihr Haus. Suchen Sie sich ein Plätzchen aus, an dem Sie sich wohlfühlen.

Je nachdem, ob noch andere Personen gerade anwesend sind, sollten Sie diese um Rücksicht bitten und/oder einen Ort wählen, an dem Sie einander nicht stören.

Faustregel: Machen Sie es sich und Ihrem Kind so leicht und angenehm wie möglich, zu meditieren.

Bei gutem Wetter können Sie natürlich auch gern ins Freie gehen, in den Garten oder in einen Park. Manchen Menschen ist es unangenehm, beim Meditieren von anderen gesehen zu werden. Zumal, wenn sie die Augen schließen. Andere stört das überhaupt nicht.

Viele Menschen finden es sehr beruhigend, am Wasser zu sitzen. Wenn Sie in der Nähe einen Fluss, einen Teich oder See oder gar einen Strand haben – nehmen Sie dieses Buch mit auf Ihren nächsten Ausflug dorthin!

Speziell die Gehmeditation lässt sich sehr gut im Freien durchführen, z.B. im Sommer auf einer Wiese.

Auf die Dauer sind die meisten Meditationen problemlos transportabel. Das ist auch gut, denn so kann Ihr Kind nach einiger Zeit auch unterwegs, z.B. in der Schule, auf die beruhigende, fokussierende Technik zurückgreifen.

Besonders gut für Klassenarbeiten ist die »60-Sekunden-Meditation« geeignet (s. Anmerkung dort und in der nachfolgenden Erklärung).

Die Mini-Meditationen für das Grundschulalter

Die Meditationen sollten so gelesen werden, dass mindestens die Hälfte der Meditation aus »Schweigen« besteht. Erst in diesen Momenten beginnt unser Unterbewusstsein, die Gedanken zu verarbeiten. So kann die Fantasie der Kinder zum Zuge kommen und auch tatsächlich »Ruhe einkehren«.

An den Stellen, wo Sie längere Pausen machen können bzw. sollten, finden Sie das Symbol .

Insgesamt dauert jede Meditation etwa drei Minuten (es ist auch nicht schlimm, wenn es mal vier werden).

1. Atem-Meditation

Den Atem hat man immer dabei. Schon allein deshalb ist diese »Mutter aller Achtsamkeits-Meditationen« so nützlich. Sie ist leicht zu lernen, und man kann jederzeit auf sie zurückkommen.

1. Setze dich entspannt in den Schneidersitz oder auf einen Stuhl. Versuche zu lächeln, so gut du es gerade kannst. Du schaust geradeaus, als würdest du ein wenig vor dich hin träumen. Oder du schließt deine Augen. Wie du magst.

   ⏸ 0:30

2. Dann achtest du einmal darauf, wo du deinen Atem spürst. Es geht nicht darum, zu verändern, wie du atmest. Atme einfach ganz normal weiter wie bisher.
   Vielleicht spürst du deinen Atem im Bauch, in der Brust, in der Luftröhre oder in der Nase?

   ⏸ 1:00

3. Versuch mal, dem Einatmen mit deiner Aufmerksamkeit zu folgen. Beginn mit dem Einatmen durch die Nase. Die Luft fließt durch deine Luftröhre und breitet sich in deiner Lunge aus. Dein Brustkorb weitet sich nach vorn. Dein Bauch wölbt sich ein wenig. Wenn du die Hand auf den Bauch legst, kannst du es fühlen.

   1:30

4. Dann wendest du deine Aufmerksamkeit dem Ausatmen zu. Du kannst den Atem aus dem Mund strömen lassen. Dein Bauch wird flacher, dein Brustkorb senkt sich. Die Luft entweicht über deine Lippen. Kannst du den feinen Lufthauch auf deinen Lippen spüren?

   2:00

5. Zum Schluss folgst du einmal einem ganzen Atemzug. Du atmest durch die Nase ein ... spürst die Luft, dein Bauch wölbt sich ... dann atmest du langsam durch den Mund wieder aus ... der Bauch wird flacher, du spürst die Luft auf deinen Lippen.
   Noch einmal: einatmen ... ausatmen ...
   Und wieder: einatmen ... ausatmen ...

   2:30

6. Du kannst jederzeit und überall die Konzentration auf deinen Atem richten. Ein Atemzug reicht, um das Gedankendurcheinander im Kopf zumindest mal kurz anzuhalten.
   Einatmen ... ausatmen ... das tust du sowieso immer.
   Öffne nun deine Augen, wenn du sie geschlossen hattest. Beweg deine Finger und Arme, deinen Oberkörper, deine Beine. Bemüh dich noch einmal, zu lächeln.
   Danke schön!

   3:00

Diese Meditation lässt sich, einmal erlernt, auch gut in Prüfungssituationen oder vor Klassenarbeiten einsetzen. Dann reicht schon ein Atemzug, um die Nervosität in ihre Schranken zu weisen. Dafür am besten gezielt vor und nach dem Lernen für eine solche Arbeit üben!

2. See-Meditation

Am Ufer eines Sees kann man leicht zur Ruhe kommen. Der kurze geistige Ausflug entspannt – und lädt zum Weiterdenken ein. Denn ein See teilt überraschend viele Eigenschaften mit uns. So wie die Wasseroberfläche verändert auch unser Geist im Laufe des Tages immer wieder seine Gestalt.

1. Leg dich auf den Rücken auf dein Bett oder auf den Fußboden. Die Hände liegen entspannt neben dem Körper, Handflächen nach oben gerichtet. Die Füße fallen locker zu den Seiten. Schließ deine Augen und atme ruhig und gleichmäßig.

   0:30

2. Stell dir nun vor, du sitzt am Ufer eines Sees. Es kann ein See sein, den du kennst, oder einer aus deiner Fantasie. Er kann tief sein oder flach, und das Wasser kann blau sein, grün oder sogar grau. Vielleicht ist es ganz klar. Vielleicht aufgewühlt und verschlammt.

1:00

3. Der See wird gehalten von der Erde. Sie umfängt das Wasser, das sich in diesem Becken sammelt.
Vielleicht stehen Bäume um den See herum, oder sogar Berge.

1:30

4. Die Oberfläche des Sees beruhigt sich nun. Sie wird glatt und ruhig und spiegelt die Wolken, den Himmel, die Sonne. Vielleicht auch die Bäume oder die Berggipfel.

2:00

5. Wind kommt auf und treibt Wellen über die Oberfläche des Sees. Er spiegelt nun nicht mehr seine Umgebung, sondern scheint ganz mit sich beschäftigt zu sein.

⏸ 2:30

6. Dann flaut der Wind ab. Die Wellen verebben. Die Oberfläche des Sees beruhigt sich, das Wasser wird wieder klar.
Vielleicht kommt sogar die Sonne hinter den Wolken hervor und taucht dich in ihren warmen Schein. Du lächelst.
Dann reckst und streckst du dich und schlägst langsam wieder die Augen auf.
Danke schön!

⏸ 3:00

3. Zähl-Meditation

Eine scheinbar einfache Konzentrationsübung mit höchst meditativem Charakter. Geht überall und jederzeit. Wenn Gefühle überwältigend erscheinen oder die Gedanken sich überschlagen, gibt man dem Gehirn eine beruhigende Aufgabe.

1. Setz dich auf einen Stuhl oder im Schneidersitz auf den Boden. Richte den Oberkörper auf und lass die Schultern locker. Leg deine Hände auf die Oberschenkel. Die Handflächen zeigen nach oben oder nach unten, wie es dir angenehmer ist.

   0:30

2. Konzentriere dich nun auf deinen Atem. Kannst du ihn spüren? Schließ die Augen und beginne, deine Atemzüge zu zählen. Beim Einatmen sagst du stumm im Kopf: »Eins.« Beim Ausatmen sagst du nichts. Beim nächsten Einatmen sagst du stumm im Kopf: »Zwei.«

   1:00

3. Und so machst du immer weiter. Wenn du es bis »zehn« geschafft hast, fängst du wieder bei »eins« an.
Wenn du merkst, dass du vergessen hast, bei welcher Zahl du eben warst, fängst du auch wieder bei »eins« an.

1:30

4. Es ist nicht wichtig, wie weit du kommst. Wichtig ist, dass du immer wieder bei »eins« anfängst, wenn du »zehn« erreicht hast, oder wenn dir auffällt, dass du den Faden verloren hast.

2:00

Bitte schauen Sie auf die Uhr und lassen Sie mindestens eine Minute vergehen. Wenn Sie keine Uhr mit Sekundenzeiger haben, zählen Sie langsam bis 100.

5. Nun hörst du auf zu zählen. Atme noch einmal tief ein ... dann wieder aus ... öffne die Augen. Schenk dir und der ganzen Welt ein Lächeln.
Diese Zähl-Meditation ist ganz schön schwierig. An manchen Tagen gelingt sie ganz leicht. An anderen will sie nicht klappen. Du kannst jederzeit auf sie zurückgreifen, wenn du ein bisschen Ruhe in deinem Kopf haben möchtest.
Danke schön!

3:00

Wie bereits am Ende der Meditation formuliert, lässt sich auch diese Übung nutzen, um in einer Stresssituation Gedanken und Gefühle zu beruhigen.

4. 60-Sekunden-Meditation

Wenn es mal besonders schnell gehen muss – und für alle, die gern etwas »in der Hand haben« – ist diese Meditation genau das Richtige. Alles, was man braucht, ist eine Uhr mit Sekundenzeiger.

1. Setz dich bequem und mit aufrechtem Rücken hin. Stell dir vor, an deinem Kopf ist ein Fädchen befestigt, das ihn nach oben zieht. Dein Kinn sinkt ein wenig zur Brust, der Nacken streckt sich. Genau so!

   ⏸ 0:30

2. Nimm dir nun eine Armbanduhr mit Sekundenzeiger oder eine analoge Stoppuhr. Oder vielleicht habt ihr noch eine Küchenuhr mit Sekundenzeiger an der Wand hängen?
   Warte einen Moment, bis der Sekundenzeiger in einer Position steht, die du dir leicht merken kannst – also auf der 12, der 3, der 6 oder der 9.

   ⏸ 1:00

3. Nun folgst du dem Zeiger eine Minute lang mit deinem Blick. Löse deine Augen nicht von dem Sekundenzeiger. Vielleicht zuckt er bei jeder Sekunde ein Schrittchen vor. Oder er läuft ganz geschmeidig im Kreis. Behalte ihn immer im Auge. Konzentriere dich ganz auf diesen Zeiger.

II 1:30

Pause

II 2:00

4. Wenn die Minute um ist und der Zeiger wieder seinen Anfangspunkt erreicht hat, löst du den Blick von der Uhr. Schau in die Ferne. Entspanne deine Augen. Lächle! Sei stolz darauf, was du gerade geschafft hast. Es ist nicht leicht, dem Zeiger eine Minute lang konzentriert zu folgen.
Falls du ihn zwischendurch aus den Augen verloren hattest – versuch es einfach ein anderes Mal erneut. Viel Spaß!
Danke schön!

II 2:30

Wer eine analoge Armbanduhr trägt oder eine Uhr mit Sekundenzeiger im Klassenraum hängen hat, kann diese Meditation unbemerkt in der Mitte einer Klassenarbeit durchführen, um gezielt Pause zu machen und Kraft zu schöpfen.

5. Zen-Zeichnungen

Meist wollen wir uns konzentrieren, um Wissen abzuspeichern oder neue Ideen zu entwickeln. Beides erfordert im Hirn die Entstehung neuer neuronaler Verbindungen. Dies wiederum wird erleichtert durch kreative Lockerheit.

1. Stell dir eine Stoppuhr oder den Handywecker auf 3 Minuten. Nimm dir nun ein Blatt Papier und zeichne darauf einen Kreis oder ein Viereck. Nun hast zu zwei Möglichkeiten: Du kannst deine Form mit einem gleichmäßigen symmetrischen Muster ausfüllen – das ist ein Mandala.

   0:30

2. Oder du erstellst ein Zen-Doodle. Das ist eine freie Zeichnung, bei der du die Kontrolle an dein Unterbewusstsein abgibst. Das heißt, du achtest gar nicht weiter darauf, was für ein Motiv du malst. Sondern du richtest deine Aufmerksamkeit jeweils nur auf den einzelnen Strich.

   1:00

3. Zen-Doodles kann man in den Kreis oder auch in das Quadrat malen. Es geht natürlich auch mit anderen Formen, aber diese beiden machen es dir besonders leicht, dich ganz im Malen oder Zeichnen zu verlieren.

   1:30

4. Dabei ist dein Ziel nicht vorab festgelegt, sondern es geht nur um den Vorgang des Zeichnens selbst. Setz jede Linie dort, wo sie sich für dich gerade richtig anfühlt.

   2:00

5. Nach einiger Zeit kannst du auch beginnen, die entstehenden kleinen Flächen wiederum zu unterteilen oder mit grafischen Mustern zu füllen.

   2:30

6. Wenn der Wecker piepst, hörst du auf. Es geht nicht darum, »fertig« zu werden. Es gibt bei diesen Bildern gar kein Endstadium. Das Ziel ist nur, sich für kurze Zeit ganz in einer kreativen Tätigkeit zu verlieren.

Hoffentlich hattest du Freude daran – und versuchst es bei Gelegenheit noch einmal.
Danke schön!

3:00

Manche Kinder sind froh, wenn die Zeit um ist. Vor allem die, die sonst immer alles unbedingt zu Ende bringen müssen! Für sie ist es eine Erleichterung (und eine interessante Erfahrung), mittendrin aufhören zu können. Anderen Kindern ist das Aufhören unangenehm. Sie brauchen vielleicht nur ein bis zwei Minuten mehr Zeit.

Mehr als fünf Minuten sollten Sie für die Übung aber nicht aufwenden. Sie ist ja kein Selbstzweck, sondern Konzentrationstraining! Falls Sie nach mehreren Versuchen keinen akzeptablen gemeinsamen Schlusspunkt finden, bevorzugen Sie die anderen Mini-Meditationen für Kinder!

6. Geh-Meditation

Im Alltag gehen wir sehr, sehr schnell. In elf Sekunden legt ein Durchschnitts-Berliner knapp 19 Meter zurück. In einer Minute die Länge eines Fußballfelds. Es ist sehr beruhigend, zur Abwechslung mal so langsam und aufmerksam zu gehen wie möglich.

1. Am besten geht diese Übung barfuß, sonst in Socken. Hausschuhe sind unpraktisch.
   Suche dir eine Strecke von zwei bis drei Meter Länge. Das sind drei bis vier große Schritte. Auf dieser Strecke gehst du nun hin und her. Und zwar so langsam und aufmerksam, wie du kannst.

   0:30

2. Hebe vorsichtig einen Fuß. Löse ihn ganz langsam und Stück für Stück vom Boden. Nun versuchst du, einen ganz normalen Schritt zu machen – aber in Zeitlupe. Langsam hebst du das Knie an. Du spürst, wie deine Oberschenkelmuskel arbeiten.
   Du verlagerst das Gewicht nach vorn und setzt den Fuß wieder auf.

Erst die Ferse, dann rollst du auf die Fußfläche, bis schließlich deine Zehen den Boden berühren.

II 1:00

3. Und so gehst du, Schritt für Schritt, deine Strecke. Hast du das Ende erreicht, drehst du dich um – auch das natürlich so langsam und aufmerksam wie möglich.

II 1:30

4. Kannst du spüren, ob dein Gewicht gleichmäßig auf den Füßen verteilt ist? Oder liegt mehr Gewicht auf der Innenseite oder der Außenkante der Füße? Benötigst du die Hilfe der Arme, um in diesem Tempo dein Gleichgewicht zu halten?
Wohin ist dein Blick gerichtet, auf den Boden oder geradeaus in die Ferne? Was passiert, wenn du ihn hebst oder senkst?

II 2:00

5. Machen deine Eltern die Übung mit – was ich hoffe? Wer von euch kann langsamer, sorgfältiger und aufmerksamer gehen?
Könnt ihr beim Gehen lächeln oder zumindest freundlich gucken?

II 2:30

6. Wenn du das nächste Mal deine Strecke beendest, bleibst du stehen und versuchst, dein Gewicht möglichst gleichmäßig auf die Füße zu verteilen – vorn und hinten, innen und außen, rechts und links.
Atme tief ein und wieder aus. Lächelst du noch?
Danke schön!

So kann man auch vor einem Test oder einem Referat die letzten Schritte zum Klassenzimmer gehen, um ganz in Ruhe dort anzukommen und konzentriert mit der Aufgabe zu beginnen.

7. Ess-Meditation

Manche Kinder mögen keine Rosinen. Die Meditation lässt sich grundsätzlich auch mit jedem anderen Lebensmittel durchführen. Ein Stück Apfel ist auch sehr gut geeignet, weil er viele geschmackliche Nuancen aufweist.

1. Nimm dir eine Rosine. Leg sie auf einen Teller. Schau sie dir ganz genau an. Sie sieht nicht besonders schön aus, aber sehr interessant. Tiefe Furchen durchziehen ihre Oberfläche. Du kannst sie vorsichtig auf dem Teller umherrollen.

   0:30

2. Nimm die Rosine nun zwischen Daumen und Zeigefinger. Betaste sie. Ist sie fest – oder elastisch? Fühlt sich die Haut trocken an oder zäh?

   1:00

3. Leg die Rosine in deine Handfläche. Roll sie ein paarmal hin und her. Wie fühlt sich das an?
Rieche an der Rosine. Duftet sie? Wenn ja, nach was?

1:30

4. Nun steck die Rosine vorsichtig zwischen deine Lippen. Beweg sie ein wenig hin und her. Leck mit der Zunge an ihr. Was spürst du? Was schmeckst du?

2:00

5. Dann ziehst du die Rosine zwischen die Schneidezähne. Wie fühlt sie sich dort an?
Beweg sie einige Male hin und her, vor und zurück.
Schließlich zerbeißt du die Rosine. Ihr Geschmack breitet sich in deinem Mund aus.

2:30

6. Kau und iss die Rosine so langsam und aufmerksam wie nur möglich. Wie verändert sich das Gefühl beim Kauen? Ändert sich auch der Geschmack?
Was bleibt, nachdem du sie hinuntergeschluckt hast?

   ⏸ 3:00

Es ist ein interessantes Experiment, diese Meditation bei Gelegenheit mit einem Schokoriegel zu wiederholen. Der schmeckt, wenn man genau darauf achtet, nämlich sehr »wuchtig« und bietet andererseits wenig unterschiedliche Komponenten.

8. Gedanken-Meditation

Gedanken kommen und gehen. Manchmal stören sie uns bei den Aufgaben, die wir erledigen wollen. Es ist gut, zu erfahren, dass man Gedanken ganz gefahrlos ziehen lassen kann – so wichtig oder dringend sie sich auch anfühlen mögen.

1. Setz dich in den Schneidersitz und richte den Rücken locker auf. Oder setz dich auf einen Stuhl und stell beide Füße auf den Boden. Stell dir vor, du sitzt am Ufer eines Flusses. Das Wasser strömt gemächlich an dir vorbei.

   ⏸ 0:30

2. Nun beginnst du, auf deine Gedanken zu achten. Es ist egal, was du denkst, wie oft, wie schnell. Du sitzt am Ufer des Flusses und lässt deine Gedanken schweifen.

   ⏸ 1:00

3. Jedes Mal, wenn du einen bestimmten Gedanken bemerkst, stellst du dir vor, er wäre ein Ast, der im Fluss an dir vorbeitreibt. Du siehst ihn näher kommen, schaust ihn dir an, lässt ihn dann weitertreiben. Er wird immer kleiner, bis er aus dem Blickfeld verschwindet.

1:30

4. Wenn dein Gedanke zum Beispiel von einem Streit am Vormittag handelt, stellst du das einfach so fest: Ich denke an den Streit von heute Vormittag. Du lässt diesen Gedanken kommen – und davonschwimmen.

2:00

5. Dann kommt der nächste Gedanke – an etwas ganz anderes.
Oder vielleicht kommt er auch nicht.
Dein Ziel ist, zu versuchen, nicht an deinen Gedanken zu hängen.
Auch wenn sie sehr wichtig scheinen. Jetzt, im Rahmen dieser
Meditationsübung, versuchst du, sie davonschwimmen zu lassen.
Irgendwann taucht ein neuer Gedanke auf, ein anderes Thema.

Dann wird das zu einem Ast, der näher kommt und an dir vorbeitreibt.

⏸ 2:30

6. Schließlich konzentrierst du dich darauf, wie der Fluss in aller Seelenruhe immer weiter an dir vorbeiströmt. Du siehst die kleinen Wellen auf der Wasseroberfläche. Vielleicht spiegelt sich die Sonne in dem Fluss?
   Du genießt es, hier zu sitzen, und lächelst zufrieden. Atme einmal tief ein und langsam wieder aus.
   Danke schön!

⏸ 3:00

9. Extra: Konzentrations-Meditation

Diese Meditation folgt bewusst einem anderen Muster als die anderen Meditationen in diesem Buch. Ursprünglich war Meditation auf Erkenntnisgewinn ausgerichtet, um schließlich die Erleuchtung zu erlangen. Diesmal widmen wir unsere Aufmerksamkeit gezielt der Konzentration.

1. Such dir einen Ort, an dem du ungestört zur Ruhe kommen kannst. Dein Handy legst du weg oder schaltest es aus. Gut ist, wenn du einen Zeitpunkt wählst, an dem wahrscheinlich auch nicht gleich jemand an der Tür klingelt.

   0:30

2. Setz dich bequem in den Schneidersitz oder auf einen Stuhl. Schließ die Augen, wenn dir das angenehm ist. Hol tief Luft, und lass den Atem langsam wieder ausströmen.
Noch einmal: ein ... aus ...

1:00

3. Nun widmest du deine Aufmerksamkeit ... deiner Aufmerksamkeit und Konzentrationsfähigkeit.
Hast du das Gefühl, du kannst dich gut konzentrieren? Wenn ja, wann? Erinnerst du dich an einen Moment, in dem du dich gut konzentrieren konntest?

1:30

4. Weißt du noch, wann und wo das war? Wie hast du dich gefühlt? Hat dich ein Thema oder eine Aufgabenstellung oder Frage interessiert? War es vormittags oder nachmittags, hell oder dunkel? Warm oder kalt? Warst du zu Hause, in der Schule, bei einem Freund oder einer Freundin? Hattest du gerade gegessen? War an dem Tag etwas Besonderes los?
Versuch, dich an so viele Details wie nur möglich zu erinnern.

II 2:00

5. Jetzt stellst du dir vor, wie du dieses Gefühl der Konzentration in den Händen hältst. Du steckst es in ein kleines Kästchen oder in deine Hosentasche, sodass du jederzeit darauf zugreifen kannst, wenn du möchtest.
Du weißt, dass du dich gut konzentrieren kannst. Du hast es ja selbst erlebt!

II 2:30

6. Nun atmest du einmal tief ein, dann lässt du den Atem wieder ausströmen. Lockere die Schultern, wenn sie angespannt sind. Lächle! Du kannst stolz auf dich sein, zufrieden mit dir. Denn du bist gerade deinem ganz persönlichen Geheimnis der Konzentration ein klein wenig auf die Spur gekommen.
Wenn du dich das nächste Mal konzentrieren möchtest, wird es dir leichter fallen, wenn du an diese Übung zurückdenkst und deinen Konzentrationsvorrat aus dem Schatzkästchen oder der Tasche ziehst!

⏸ 3:00

Wie und warum funktionieren die Mini-Meditationen für Kinder?

Atem-Meditation

Die Konzentration auf den Atem ist eine klassische und einfach zu erlernende Meditationsform. Den Atem haben wir immer »dabei«, deshalb kann man sie auch leicht vor Tests und Klassenarbeiten oder anderen Stresssituationen anwenden.

Schon ein bewusst wahrgenommener Atemzug verscheucht für einen Moment alle Gedanken.

Der Atem ist zudem abwechslungsreich genug, dass man sich einige Zeit mit ihm beschäftigen kann. Es gibt tatsächlich etwas zu entdecken! Der Atem kann flach oder tief gehen, schnell oder langsam. Die Atem-Meditation übt darin, »auszuhalten«, dass die Dinge so sind, wie sie sind. Der Atem geht z.B. in einem bestimmten Moment schnell und flach. So ist es. Später kann es anders sein, aber jetzt ist es so. Ob wir wollen oder nicht.

Viele Menschen stellen bald fest, dass sie in Alltagssituationen mit der Aufmerksamkeit zu ihrem Atem zurückkehren – z.B. wenn sie gestresst oder gelangweilt sind. Auf die Dauer lehrt die Atem-Meditation uns auch eine grundsätzliche Dankbarkeit für all die Dinge, die wir im Alltag gar nicht wahrnehmen, die aber sozusagen »hinter den Kulissen« oder unter der Oberfläche (unseres Bewusstseins) ablaufen.

Der Atem ist auch deswegen ein gutes Objekt der Meditation, weil wir eben nicht »nichts« tun müssen, was praktisch unmöglich ist. Sondern wir geben unserem Gehirn eine Aufgabe, die einerseits anspruchsvoll genug ist, um es zu beschäftigen – und damit von anderen Gedanken abzuhalten. Und die andererseits aber keinerlei Konsequenzen hat. Denn der Denkstress, den heutzutage auch schon viele Grundschüler erleben, basiert auf der Hoffnung, die ständige Mischung aus Rückschau und Vorausdenken würde auf die Dauer das Jetzt positiv beeinflussen.

Zu meditieren heißt weder sich keine Sorgen mehr zu machen, noch nicht zu planen oder alles hinzunehmen. Es bedeutet nur, den Moment gerade jetzt möglichst genau und umfassend wahrzunehmen. Denn nur auf dieses Jetzt können wir Einfluss nehmen! Atemzug für Atemzug für Atemzug.

See-Meditation

Das Bild eines Sees zu entwickeln oder sich vor das geistige Auge zu rufen ist bereits ein Akt der Konzentration. Dann zu erfahren, dass unser Seelenleben diesem See ähnelt, der aufgewühlt oder ruhig sein kann, ist eine oft überraschende Erkenntnis. Eine ermutigende Parallele stellt die Tatsache dar, dass in der Tiefe des Sees stets eine relative Ruhe herrscht, selbst wenn die Oberfläche unruhig ist.

Hinzu kommt das Gehaltenwerden des Sees durch seine natürliche Umgebung. Ein Bild der Geborgenheit und Zuverlässigkeit, das viele Kinder im Alltag aus den Augen verlieren.

Die Visualisierung der See-Meditation ermöglicht die Abbildung vieler unterschiedlicher Aspekte der Persönlichkeit und des Lebens. So rücken die Ähnlichkeiten zwischen uns allen in den Mittelpunkt, statt der Unterschiede.

Zähl-Meditation

Das Verblüffende an dieser Meditation ist der Kontrast zwischen der Einfachheit der Anleitung und der Schwierigkeit der Durchführung. Auf amüsante und unerwartete Art macht die Übung uns immer wieder deutlich, wie schnell und unbemerkt unsere Gedanken abschweifen. Symbolisch zeigt sie aber auch, dass dies völlig unproblematisch ist – solange wir immer wieder zum selbst gewählten Fokus zurückkehren.

Die Zähl-Meditation bringt zudem in der Wiederholung auch erfreuliche Erfolgserlebnisse mit sich, denn an manchen Tagen läuft es wie von selbst. So kann man sich immer wieder mit sich selbst messen statt mit anderen. Und die Befriedigung des Anspruchs einer selbst gestellten Aufgabe erfahren.

Dabei erlebt man auch das Auf und Ab der Tage oder Stunden. Mal geht es besser, mal schlechter, dann wieder besser. So entwickelt sich auf die Dauer ein Grundvertrauen in das eigene Vermögen, nach einem Sturz aus eigener Kraft aufzustehen.

60-Sekunden-Meditation

Eine Meditation, bei der man etwas in der Hand hält, ist für viele Kinder ansprechend, weil sie dadurch gegenständlich wird. Zudem übt der über das Zifferblatt eilende Sekundenzeiger wohl auf jeden von uns eine eigene Faszination aus. Ihm auch nur für eine Minute mit den Augen zu folgen ist nicht leicht. Wer diese Fähigkeit erlernt, erfährt zugleich die Lektion: Ich kann für eine volle Minute meine ungeteilte Aufmerksamkeit auf eine Sache richten. Und was man einmal kann, kann man auch zweimal. Auf diese Weise lässt sich jeder noch so unüberschaubare Aufgabenberg bewältigen – Minute für Minute, Stück für Stück, Gedanke für Gedanke.

Zen-Zeichnungen

Eine Übung, die insbesondere den Kindern nutzt, die zum gedankenverlorenen Tagträumen neigen. Sie können hier ihre kreative Energie bündeln und ableiten. Danach kann gearbeitet werden, aber natürlich sind jederzeit eine Rückkehr und ein Wiederaufladen der Batterien möglich.

Viele Kinder empfinden es zudem bereits als beruhigend, zweckfrei grafische oder geometrische Muster zu erstellen. Heimliches Ziel ist das Erzeugen von »Flow« – jenem Zustand, in dem das Leben als mühelos und angenehm empfunden wird, weil wir uns gefordert, aber nicht überfordert fühlen. Man lernt so, diesen Zustand anzustreben und einzuleiten – und dann auch auf die zu bewältigende Aufgabe zu übertragen.

Geh-Meditation

Bringt Zappelkinder zur Ruhe und Träumer in Bewegung. Da die Kriterien subjektiv sind, gibt es kein Richtig und Falsch. Ziel ist einzig, die Bewegung so aufzuführen, dass sie persönlich als langsam und sorgfältig empfunden wird. Das bedeutet, die Mühe wird stets belohnt mit dem Erfolgserlebnis, weil derjenige, der über die Gehgeschwindigkeit bestimmt, zugleich derjenige ist, der sie beurteilt.

Die Wiederholung einer scheinbar einfachen Bewegung wird als überschaubar und daher beruhigend empfunden. Geist und Körper sind beschäftigt, aber nicht überanstrengt.

Die leichte Bewegung ist zudem eine willkommene Abwechslung vom Sitzen im Klassenraum oder am Schreibtisch. Wie die Atem-Meditation zeigt sie exemplarisch, dass »Meditation« sich überall im Leben finden und integrieren lässt.

Ess-Meditation

Einem Ding bzw. einer Tätigkeit unsere volle Aufmerksamkeit schenken – das ist nicht leicht. Doch genau das ist das Ziel der gerichteten Konzentration. Die Rosine ist dafür nur ein ungewöhnliches und daher dankbares Beispiel. Zudem spricht sie Tast-, Geruchs- und Geschmackssinn an, die im Alltag häufig vernachlässigt werden.

Es ist eine bereichernde Erfahrung, zu erleben, wie ergiebig es sein kann, sich mit einem scheinbar unwichtigen oder bereits bekannten Gegenstand zu beschäftigen. Dieser Aspekt stellt auf die Dauer einen der wichtigsten Aspekte erfolgreicher Konzentration dar: Auch in einer ungeliebten und fremdbestimmten Aufgabe etwas Interessantes auszumachen, auf das zu konzentrieren sich lohnen kann.

Gedanken-Meditation

Gedanken und Gefühle ziehen unsere Aufmerksamkeit meist unbemerkt mit sich. Diese Meditation übt uns nicht nur darin, sie überhaupt zu bemerken. Das ist schon schwierig.

Hier geht es vor allem darum, zu trainieren, die Gedanken und Gefühle, die uns häufig ja relevant oder verlockend oder jedenfalls auf irgendeine Weise wichtig erscheinen, gehen zu lassen. Statt sich auf sie einzulassen, sie ernst zu nehmen und uns von ihnen forttragen zu lassen.

Der überschaubare Zeitrahmen von drei Minuten erleichtert die Entscheidung, versuchsweise die Gedanken auf dem Wasser des Flusses davontreiben zu lassen. Und wir erleben: Das ist kein Problem. Neue Gedanken kommen. Auch diese lassen wir ziehen. Das ist okay. Es passiert nichts Schlimmes.

Es ist möglich, sich immer wieder auf die akzeptierte Aufgabe – in diesem Fall: das Bemerken und Davonziehenlassen von Gedanken – einzulassen. Es geht, und es tut gar nicht weh.

Konzentration

Kinder, denen es schwerfällt, sich zu konzentrieren, erleben diese Fähigkeit oft nicht als positiv. Sondern für sie stellt Konzentration eine negativ besetzte Fähigkeit dar, die ihnen fehlt.

Das ist aber nur selten der Fall. Die meisten Kinder können sich sehr wohl konzentrieren, wenn auch vielleicht nur selten.

Diese Meditation leistet zweierlei:

Die Untersuchung der erfolgreich erlebten Konzentration. Wann, wie, wo und unter welchen Umständen ist mir Konzentration bereits gelungen? Ganz automatisch folgt daraus zumindest der Versuch, wenn möglich die entsprechenden Rahmenbedingungen erneut zu erschaffen.

Die motivierende Erkenntnis, dass erfolgreiche Konzentration Freude bereitet. Sie ist die Leistung, die für manche Erfolgserlebnisse zu erbringen ist. Aber dieser Preis ist nicht zu hoch. Der Versuch wird belohnt werden. So entsteht auf die Dauer eine Eigenmotivation zur Konzentration, statt diese als eine schier unerfüllbare Fremdbestimmung zu erleben.

Generell gilt: Je mehr ich über mich selbst weiß, desto leichter fällt es, mich anzunehmen, wie ich bin, oder mich so zu verändern, wie ich sein möchte. Auf beide Weisen trägt diese Meditation zu einer größeren Selbstzufriedenheit und Selbstbestimmtheit bei – Grundvoraussetzungen für gelingende Konzentration.

Ergänzt wird die Reflexion durch eine Visualisierung, mit deren Hilfe die eigene Konzentrationsfähigkeit im Alltag schneller und leichter verfügbar gemacht werden kann.

Tagebuch: Veränderungen abwarten und bemerken

Bitte widmen Sie sich dem Thema der Konzentrationssteigerung Ihres Kindes mit Gelassenheit und Ausdauer. Ich weiß, das ist leichter gesagt als getan. Aber es gibt zwei gute Gründe dafür:

1. Niemand kann sich besser konzentrieren, wenn jemand anderes ungeduldig darauf wartet. Schon klar, das ist am Ende das Ziel. Aber auf dem Weg dorthin ist Ungeduld nur hinderlich.
2. Meditation ist kein Allheilmittel und wirkt nicht sofort. Sie »wirkt« eigentlich überhaupt nicht. Sie trägt, wenn man sich freiwillig und offen auf sie einlässt, dazu bei, dass man sich besser konzentrieren kann. Das dauert aber eine Weile. Und was sich bereits im Rahmen der Meditation zeigt, gilt außerhalb erst recht: Mal geht es besser, dann wieder schlechter. Ein wichtiges Ziel von Meditation besteht darin, diese Schwankungen a) wahrzunehmen, b) wertfrei zur Kenntnis zu nehmen (= auszuhalten) und c) sich von ihnen nicht entmutigen zu lassen, sondern ein bis zwei Tage später einfach weiterzumachen.

Die Erfolge der Meditation geschehen auf die gleiche Weise wie viele Misserfolge des Alltags: kumulativ, also Stück für Stück. Damit man die schrittweise positive Entwicklung nicht verpasst, sollten Sie Tagebuch führen.

Die folgenden Fragebogen sollen Ihnen daher die Möglichkeit geben, die Entwicklung über einen längeren Zeitraum zu beobachten und auch kleinere Veränderungen und Verbesserungen im Alltag nicht zu übersehen.

Sie können dafür die folgenden Seiten verwenden, oder Sie kopieren sich diese Seiten, oder aber Sie notieren Ihre Antworten auf die Anregungen einfach auf einem normalen Block.

Beginn

Datum: ....

Name des Kindes: ....

Wann fallen Ihnen Konzentrationsschwierigkeiten am stärksten auf?
Um welche Zeit, bei welcher Tätigkeit?

....

....

Wann sind sie am häufigsten?

....

....

Weiß Ihr Kind um diese Schwierigkeiten? Fallen sie ihm selbst auf? Ärgert Ihr Kind sich über seine (geringe) Konzentrationsfähigkeit?

....

....

....

Wann geht das Kind normalerweise ins Bett?

....

Wann schläft das Kind endgültig ein?

....

Wann steht Ihr Kind morgens auf?

....

Ist es beim Aufstehen gut gelaunt?

Zeigt Ihr Kind tagsüber deutliche Müdigkeitserscheinungen bzw. schläft vielleicht sogar ein?

Ist es zu Zeiten, in denen das Kind sich konzentrieren möchte oder muss, im Haushalt laut oder unruhig? Falls ja, verursachen Sie die Geräusche bzw. die Unruhe? Ließe sich das vermeiden oder verschieben?

Haben Sie das Gefühl, Ihr Kind würde Ihnen gern noch mehr von seinem Tag erzählen, aber das gelingt nicht, oder es ist zu wenig Zeit dafür?

....

....

....

....

Ist Ihr Kind grundsätzlich schulisch stark gefordert oder sogar überfordert (z.B. bei Lernschwierigkeiten, Aufmerksamkeitsstörungen, durch eine schwierige soziale Situation)?

....

....

....

....

Ist Ihr Kind aktuell schulisch oder privat stark gefordert (z.B. durch eine unerwartete schlechte Note, Streit unter Freunden, Krise der Eltern ...)?

....

....

....

....

Wie viel Zeit (gerundet auf halbe Stunden) verbringt Ihr Kind pro Tag im Freien?

....

....

....

Wie viel Zeit (gerundet auf halbe Stunden) verbringt Ihr Kind im Durchschnitt pro Tag mit Sport bzw. intensiver Bewegung (körperliches Spiel, Hobbysport etc.)?

....

....

....

Können Sie sich vorstellen, auch selbst von den Mini-Meditationen zu profitieren? Was wünschen oder erhoffen Sie sich?

....

....

....

....

Zwischenstand I (nach 1 Woche ausfüllen)

Datum: ....

Name des Kindes: ....

Wann fallen Ihnen Konzentrationsschwierigkeiten am stärksten auf?
Um welche Zeit, bei welcher Tätigkeit? Wann sind sie am häufigsten?

....

....

Ärgert Ihr Kind sich über seine (geringe) Konzentrationsfähigkeit?

....

....

Konnten Sie sicherstellen, dass Ihr Kind ausreichend schläft?

....

....

Ist es beim Aufstehen gut gelaunt?

....

Konnten Sie die Aufgaben, für die konzentriertes Arbeiten nötig ist, probeweise unter anderen Umständen oder zu anderen Zeiten durchführen? Wenn ja, hat das etwas verändert – und was?

....

....

....

....

Empfanden Sie die gemeinsam durchgeführten Mini-Meditationen für Grundschulkinder als beruhigend?

Hat Ihr Kind begonnen, Ihnen nach den Mini-Meditationen von seinen Gedanken, seinem Gefühlsleben oder auch seinem Tag zu erzählen? Wenn ja, waren dies Informationen, die Sie so bislang nicht bekamen – oder wittern Sie eher den Versuch, sich »vor der Arbeit zu drücken«? Könnten Sie ggf. einen deutlicheren symbolischen Abschluss des Rituals finden?

Wurden hohe schulische Ansprüche an Ihr Kind (sozial oder inhaltlich) in den letzten Tagen deutlicher sichtbar?

....

....

Wie viel Zeit (gerundet auf halbe Stunden) verbrachte Ihr Kind seit Einführung der Mini-Meditationen pro Tag im Freien?

....

....

Wie viel Zeit (gerundet auf halbe Stunden) verbrachte Ihr Kind seit Einführung der Mini-Meditationen im Durchschnitt pro Tag mit Sport bzw. intensiver Bewegung (körperliches Spiel, Hobbysport etc.)?

....

....

Hat Ihr Ärger bzw. Ihre Frustration oder Sorge über die Konzentrations-schwierigkeiten zugenommen oder abgenommen? Was hat sich verändert?

....

....

....

Hatten Sie Gelegenheit, die Ernährung Ihres Kindes zu verändern (z.B. keine Farbstoffe, weniger Zucker ... siehe 1. Kapitel)? Wie hat Ihr Kind darauf reagiert?

....

....

....

....

Zwischenstand II (nach 3 Wochen ausfüllen)

Datum: ....

Name des Kindes: ....

Wann fallen Ihnen Konzentrationsschwierigkeiten am stärksten auf?
Um welche Zeit, bei welcher Tätigkeit? Wann sind sie am häufigsten?

....

....

....

....

....

Können Sie in Bezug auf Intensität und Häufigkeit der Konzentrationsprobleme Veränderungen feststellen? Selbst wenn es nur Ansätze oder Vermutungen sind?

Ärgert Ihr Kind sich über seine (geringe) Konzentrationsfähigkeit?

Konnten Sie sicherstellen, dass Ihr Kind ausreichend schläft?

Ist es beim Aufstehen gut gelaunt?

....

Konnten Sie die Aufgaben, für die konzentriertes Arbeiten nötig ist, probeweise unter anderen Umständen oder zu anderen Zeiten durchführen? Wenn ja, hat das etwas verändert – und was?

....

....

....

Empfanden Sie die gemeinsam durchgeführten Mini-Meditationen für Grundschulkinder als beruhigend?

....

....

Hat Ihr Kind begonnen, Ihnen nach den Mini-Meditationen von seinen Gedanken, seinem Gefühlsleben oder auch seinem Tag zu erzählen? Wenn ja, waren dies Informationen, die Sie so bislang nicht bekamen – oder wittern Sie eher den Versuch, sich »vor der Arbeit zu drücken«? Könnten Sie ggf. einen deutlicheren symbolischen Abschluss des Rituals finden?

Wurden hohe schulische Ansprüche an Ihr Kind (sozial oder inhaltlich) in den letzten Tagen deutlicher sichtbar?

Wie viel Zeit (gerundet auf halbe Stunden) verbrachte Ihr Kind seit Einführung der Mini-Meditationen pro Tag im Freien?

....

....

....

Wie viel Zeit (gerundet auf halbe Stunden) verbrachte Ihr Kind seit Einführung der Mini-Meditationen im Durchschnitt pro Tag mit Sport bzw. intensiver Bewegung (körperliches Spiel, Hobbysport etc.)?

....

....

....

....

Hat Ihr Ärger bzw. Ihre Frustration oder Sorge über die Konzentrationsschwierigkeiten zugenommen oder abgenommen? Was hat sich verändert?

....

....

....

....

Hatten Sie Gelegenheit, die Ernährung Ihres Kindes zu verändern (z.B. keine Farbstoffe, weniger Zucker ... siehe 1. Kapitel)? Wie hat Ihr Kind darauf reagiert?

....

....

....

Ausblick (nach 4 bis 5 Wochen ausfüllen)

Datum: ....

Name des Kindes: ....

Sind die Mini-Meditationen für das Grundschulalter mittlerweile fester Bestandteil Ihres Tagesablaufs? Wann, wie und wo?

....

....

....

....

....

Gefallen die Mini-Meditationen Ihrem Kind? Beteiligt es sich gern und freut sich darauf?

....

....

....

Sind die kurzen Mini-Meditationen auch für Sie angenehm? Was gefällt Ihnen daran?

....

....

....

....

....

Kann Ihr Kind sich mittlerweile besser konzentrieren? Wenn ja, bemerken Sie einen eher grundlegenden oder eher punktuellen Unterschied? Wann und wie zeigt sich dieser?

....

....

Gibt es noch Bereiche oder Momente, in denen die Konzentrationsschwierigkeiten unverändert bestehen?

....

....

Schläft Ihr Kind ausreichend? Woran machen Sie diese Einschätzung fest?

....

....

Gibt es im Kinderzimmer oder Haushalt noch mögliche Störfaktoren für die konzentrierte Arbeit z.B. an den Hausaufgaben? Wenn ja, welche? Wie könnten Sie den größten Störfaktor entschärfen?

Berichtet Ihnen Ihr Kind tagsüber oder abends ausreichend von Ereignissen, die es bewegen und beschäftigen?

Kann Ihr Kind die aktuellen durchschnittlichen schulischen Ansprüche (sozial oder inhaltlich) gut bewältigen?

....

....

....

....

Wie viel Zeit (gerundet auf halbe Stunden) verbrachte Ihr Kind in der letzten Woche pro Tag im Freien?

....

....

....

....

Wie viel Zeit (gerundet auf halbe Stunden) verbrachte Ihr Kind in der letzten Woche im Durchschnitt pro Tag mit Sport bzw. intensiver Bewegung (körperliches Spiel, Hobbysport etc.)?

....

....

....

Haben Sie die Ernährung des Kindes oder der Familie verändert bzw. umgestellt? Wenn ja, was haben Sie geändert? Welche Wirkung stellen Sie fest? Was möchten Sie noch ausprobieren?

....

....

....

Können Sie sich vorstellen, Mini-Meditationen auch weiterhin als festen Bestandteil Ihres Alltags zu betrachten? Welchen Vorteil versprechen Sie sich davon – was motiviert Sie?

Das Leben geht weiter

Seit einigen Wochen meditieren Sie gemeinsam mit Ihrem Kind. Und hoffentlich haben Sie auch schon erste Veränderungen im Konzentrationsverhalten festgestellt. Vielleicht gab es einen Nachmittag, an dem die Hausaufgaben nicht so ein Problem darstellten. Oder das Lernen für eine Arbeit fiel leichter – und mit etwas Glück zeigte sich der Erfolg dann auch noch in einer besseren Note als erwartet.

Vielleicht sind Sie einander nähergekommen. Weil sich am Rand des Meditierens Gesprächsmöglichkeiten ergeben haben, die es vorher nicht gab. Möglich ist auch, dass sich nicht nur die Konzentrationsfähigkeit verändert, sondern dass auch Ihre Sicht auf das Thema sich wandelt. Es kann gut sein, dass Sie klarer sehen können, was Ihnen wichtig ist und welche Angst oder Hoffnung im Mittelpunkt steht.

Vor allem hoffe ich, dass Sie Freude an dieser neuen gemeinsamen Aktivität entwickelt haben. Denn nur wenn Sie gern meditieren, werden Sie dabeibleiben.

Integration in den Alltag

Und das wäre gut. Denn die Meditation bietet einen Rückzug aus dem manchmal auch konfrontativen Alltag. Sie wollen dies, Ihr Kind das! Dazwischen einen gemeinsamen Moment zu etablieren, der zuverlässig von Ruhe geprägt ist, stärkt die Beziehungsgrundlage.

Dazu kommt: Vokabeln kann man nicht lernen, wenn man sie dringend braucht – sondern muss sie üben, wenn man Zeit und Gelegenheit hat. Und dann wiederholen, auffrischen, festigen. Dasselbe gilt für Elfmeterschießen, Langstreckenlauf, Matheformeln. Wir können nicht einmal lernen und für immer behalten. Wir müssen das Gelernte und Geübte immer wieder hervorholen und am Leben halten. Damit es zur Verfügung steht, wenn es gebraucht wird.

Das heißt: Sie meditieren heute, um morgen oder bei der Klassenarbeit nächste Woche auf die trainierten Fähigkeiten zurückgreifen zu können. Wenn Nervosität, Unmotiviertheit, Desinteresse oder Angst stören, wenn ein Problem mit den Freunden oder sogar in der Familie Sorgen bereitet und ablenkt. Dann kann Ihr Kind zuversichtlich und ganz automatisch tief Atem holen und die Aufmerksamkeit bündeln.

Neurologen können inzwischen messen, dass Meditation am besten wirkt, wenn sie regelmäßig durchgeführt wird. »Viel hilft viel« im Sinne von: lieber öfter kurz als seltener lang. Die Erfahrung zeigt auch, dass der Geist leichter umschaltet, wenn Meditation ritualisiert in den Tag eingebunden wird, also zu einer bestimmten Zeit und / oder an einem bestimmten Ort. Wiederholungen helfen dem Hirn zu lernen. Sie helfen dem Hirn auch, lernen zu lernen.

Je mehr Freude Sie und Ihr Kind an den gemeinsamen Meditationen haben, desto lieber werden Sie diese durchführen. Das ist logisch. Deshalb versuchen Sie, wenn möglich, eine Meditationsform und einen Moment oder Ort zu finden, die Ihnen beiden zusagen. Dann müssen Sie viel weniger Disziplin aufbringen, um bei der Stange zu bleiben. Auch wenn Sie vielleicht gerade mal keine Lust haben.

Genau das ist eine der Fähigkeiten, die Sie mit Ihrem Kind üben wollen – und sie lässt sich sehr gut auch an der Meditation selbst lernen.

Dass Sie sich dafür interessieren, wie Sie Ihr Kind auf dem Bildungs- und Lebensweg unterstützen können, ist ein großes Geschenk. Sie zeigen Präsenz, Aufmerksamkeit und Liebe. In diesem Sinne wünsche ich Ihnen weiterhin viel Freude an den Mini-Meditationen für Kinder und eine schöne gemeinsame Zeit mit Ihrem Kind!

Ulrich Hoffmann

Einschlafen ist gar nicht schlimm

Mini-Meditationen

Meditationen
für Kinder im Grundschulalter

Zähne putzen, ins Bett gehen, einschlafen – jeder kennt diese Situationen und weiß, dass sie oftmals eine Herausforderung für die ganze Familie darstellen.
Die Mini-Meditationen und Ratschläge des Yoga-Lehrers und Bestsellerautors Ulrich Hoffmann helfen, solche Schlafprobleme zu entschärfen. Man kann einfach loslegen, die Meditationen dauern 3 bis 4 Minuten und weder Eltern noch Kinder benötigen Vorkenntnisse.

KNAUR
BALANCE

Maren Schneider

Achtsamkeit für Einsteiger

Maren Schneider zeigt in diesem praktischen Guide den direkten Weg zu einem achtsamen Leben. Hierfür ist die Meditation ein wichtiges Hilfsmittel. Die erfahrene MBSR-Lehrerin erklärt die zentralen Übungen der Atem- und Körperpraxis. Sie hat die einfachen Anleitungen zusätzlich auf die beiliegende CD gesprochen. Ob im Alltag, in der Arbeit oder mit dem Partner: Innere Klarheit und Gelassenheit werden so überall erfahrbar.